Ya *llegué.*
¿Y *ahora* qué?

Carolina Carvajal

Ya *llegué.* ¿Y *ahora* qué?

Encuentra significado más allá de tus logros

YA LLEGUÉ. ¿Y AHORA QUÉ?
Encuentra significado más allá de tus logros

Edición: Henry Tejada Portales

ISBN: 979-8-88769-365-1
eBook ISBN: 979-8-88769-366-8
Impreso en los Estados Unidos de América

Whitaker House
1030 Hunt Valley Circle
New Kensington, PA 15068
www.whitakerhouse.com

1 2 3 4 5 6 7 8 9 10 11 WH 32 31 30 29 28 27 26 25

ÍNDICE

PRÓLOGO

Por Luis Antonio Márquez

Ya llegué. ¿Y ahora qué?

El título del libro es muy sugestivo, y de inmediato te hace pensar en lo que sigue después de alcanzar una meta o un objetivo en tu vida.

También podríamos pensar que la lectura está enfocada hacia una audiencia de personas que ya cumplieron muchos de sus objetivos; quizá unas metas más complejas que otras, como mantenerse con salud, jubilarse del trabajo, completar la educación de los hijos y su independencia económica, o la sobrevivencia de la relación de pareja ante sus múltiples facetas. Son cosas que al verlas de largo plazo, y al notar que requieren un esfuerzo constante para alcanzarlas, parecen ubicar al perfil del lector oscilando entre los 45 y 65 años de edad, quienes al haber alcanzado dichas metas se preguntan ¿qué es lo que sigue? Sin embargo, al adentrarme en el contenido me di cuenta de varias cosas:

Lo primero, es que es un libro que aplica para todas las generaciones; desde los *baby boomers* hasta la *Generación Z*, ya que el cuestionamiento principal de Carolina Carvajal está enfocado a contestar la pregunta: *¿qué sigue en mi vida después de haber llegado a la cima?* Y esta es una pregunta que por la complejidad y rapidez del mundo en que vivimos, en mi opinión, nos la hacemos varias veces en la vida, por lo que también las nuevas generaciones deberían hacerse esa pregunta mientras se anticipan a preparar su futuro para evitar sorpresas.

En segundo lugar, es un libro de fácil lectura, que ante el cuestionamiento existencial *¿qué sigue?*, te ofrece herramientas y ejercicios prácticos para que identifiques, alinees y ordenes tus sentimientos y pensamientos. Todo esto en miras a desarrollar buenos hábitos que respondan a los retos que normalmente nos generarían ansiedad cuando no vemos el futuro con claridad.

Es un libro de 360 grados que propone una congruencia para lograr un equilibrio entre tu cuerpo, tu mente y tu espíritu, entendiendo que hay cosas que van más allá de lo tangible o entendible, pero está en nosotros encontrar el balance y, por ende, la paz interior en medio de las cosas que vengan.

Este esfuerzo requiere de disciplina, pues incluye el uso de técnicas básicas para trabajar tus nuevas prioridades, ¡lo que solo con constancia se logra! Implica, además, mantener esa congruencia entre el querer y el hacer, para lograr que realmente crezcamos en equilibrio.

Carolina Carvajal nos anima a incorporar el componente espiritual en la vida, para que el reto de reinvención que enfrentamos constantemente como seres humanos sea más fácil de afrontar, y nos haga disfrutar el círculo virtuoso que le dará un verdadero sentido a nuestra existencia.

INTRODUCCIÓN

¿Te has preguntado alguna vez qué es lo que sigue para ti?

¿Qué sigue después de que has cumplido con los estándares que la vida y tú mismo te has impuesto?

¿Qué sigue ahora que has alcanzado tu sueño?

¿Qué pasa cuando tu espíritu de conquista se ve obligado a detenerse solo porque ya llegó lo que esperabas?

¿Cuál será el motor que te impulse de ahora en adelante?

Terminaste tu carrera, emprendiste un negocio, conquistaste la fama, conseguiste ese empleo, te casaste, tuviste hijos, o decidiste no tenerlos, viajaste por el mundo, tal vez te divorciaste, rehiciste tu vida, en fin...; sea cual sea la historia de vida que hoy puedes contar, llega el momento en el que, sin planearlo, se despierta dentro de nosotros una búsqueda interna por encontrarle un nuevo sentido a la existencia.

¿Y ahora qué?

Esta es la pregunta que, verbalizada o no, nos hacemos cada vez que se agota la euforia de los nuevos comienzos, y entonces la vida parece tomar un sabor diferente.

Durante los últimos cinco años esta pregunta ha rondado en mi cabeza más seguido de lo que hubiera querido, y me atrevo a decir que la respuesta inmediata ha sido directamente proporcional a la esperanza o a la desilusión que he experimentado al momento de formularla.

Claramente, durante esos días en los que destilamos miel y el mundo pareciera girar a nuestro favor, he podido imaginar casi de forma palpable ese escenario en el que seré una reconocida conferencista internacional que continúa con su carrera como actriz. He diseñado en mi mente también cosas más personales y más a largo plazo como la adorable abuelita que quiero llegar a ser, dando sabios consejos; jugando y enseñando manualidades a sus nietos.

Pero en los momentos menos idílicos, en esos baches oscuros de la vida, preguntarnos lo que sigue para nosotros pareciera percibirse de forma diferente. La vida misma te motiva menos para encontrar una respuesta, orillándote a vivir un día a la vez y limitando la existencia a la simple labor de mantenerse a flote.

He diseñado este libro como una guía que te ayude a trazar el bosquejo de tu vida en los años por venir, sin que ese panorama dependa de alguna racha emocional; ofreciéndote un espacio seguro que te ayudará a cuestionar tu hoy, para así resaltar aquello que es fundamental de tu mundo presente, y lo que es trascendental que lleves a tu vida futura.

Es un espacio para que te cuestiones acerca de lo que te ha dejado cada éxito y cada fracaso; un manual de actividades simples para delinear una ruta clara que te evitará extraviarte en el activismo o estancarte en la desidia, pero siempre guiándote a aprovechar más y mejor el tiempo en los años venideros. Este libro será un testigo escrito que te ayude a tener presente lo bueno de tu vida como una constante.

Cada herramienta aquí plasmada ha sido diseñada durante años de estudio del proceso de sanidad interior. Mi objetivo es que al utilizarlas te sientas tan cómoda/o en tu propia piel, que seas animado a tomar aquellas decisiones importantes que probablemente has postergado y sabes que se han convertido en estorbos emocionales que no te permiten avanzar.

¡Trazarás un bosquejo personal que te mostrará claramente las mejores opciones, que te llevarán a escoger con sabiduría y diligencia lo que sigue para ti!

LO QUE PRETENDO

Con la lectura de este, mi segundo libro, pretendo ayudarte en la sencilla pero retadora tarea de abrir espacios personales de reflexión física, mental y espiritual; asimilando las verdades bíblicas como la fuente de inspiración, verdad y poder aplicable en todas las áreas de la vida, sin abordar religiones.

Mi anhelo más profundo es que tengas presente que tu historia importa, que hay cosas que se pueden sanar y trabajar, y que lo que has vivido vale. Y aunque en algún momento hayas sentido que lo vivido te restó, hoy suma, y suma no solo para ti sino para quienes han seguido tu historia. Le puedes dar valor a lo vivido sin que eso te afecte o te mantenga en el pasado.

Tu vida no ha sido de otra manera porque necesitabas SER quien eres hoy.

Aprenderás a valorar tu nombre, a amarte profundamente, a respetar tus espacios, tus límites, y a trazarte metas que te ayuden a caminar una vida con propósito.

Me empecinaré en recordarte una y otra vez el gran valor que tienes, no por lo que haces, no por lo que se dice de ti, sino por aquello que realmente eres.

Buscaré guiarte para que reconozcas lo mucho que has crecido. No solo quiero que seas consciente de que los años han pasado, también deseo que puedas ver que ya no eres la misma persona de antes, y que esa nueva conciencia te ayude a ubicarte en el lugar correcto de tu propósito.

Te compartiré algunas de las mejores técnicas de respiración, meditación y ejercicios de sanidad interior que he aprendido y sé que funcionan, todo esto en pro de tu salud mental, física y espiritual. Mi anhelo es que puedas quitarle a ciertos términos aquellos estigmas que han marcado a los creyentes durante cientos de años; y entonces, sin miedo a faltarle a tu fe, puedas tener las herramientas necesarias para pilotar tu propia vida en un mundo como el que enfrentamos hoy.

Porque la vida solo se transforma cuando aplicamos lo aprendido.

Este libro será un recordatorio de lo bueno, sabiendo que los errores retumban en los oídos de todos cuando no hemos aprendido a centrarnos en los síes de la vida. Te ayudaré a reconocer eso que Sí te sale bien, eso para lo que Sí eres buena/o, y que Sí tienes la capacidad de hacer grandes cosas.

También quiero animarte a sacar a la luz esa virtud que escondiste de un mundo injusto, esa habilidad que todos sabían reconocer menos tú, esa valiosa semilla que vive dentro de ti y que aún puede ser sembrada en el fértil terreno de "la otra mitad de tu vida". Será una temporada donde te pararás con más consciencia y caminarás con mayor seguridad.

Oro para que las herramientas que propongo en estas páginas te ayuden a aprender no solo a confiar en el proceso, sino también a disfrutarlo.

Tu hoy se convertirá en tu lugar favorito.

1

LA LÍNEA DE LA VIDA

Todos estamos inmersos en este viaje llamado vida, una línea marcada con años de estadía en la tierra, y a la que inconscientemente hemos dividido en etapas ubicadas en medio de un punto de partida y un punto final.

Pero la vida no puede componerse solo de años, días, minutos y segundos. Vivir es, en realidad, aquello que pasa y hacemos que nos pase mientras recorremos el lapso de tiempo por el que estamos transitando. Por lo tanto, hacernos conscientes del momento de vida en el que nos encontramos hoy nos dará una perspectiva que debería despertar nuestro sentido de conciencia y marcarnos el paso con el cual debemos seguir caminando.

Las siguientes son algunas de las preguntas a las que podrás darle respuesta mientras continúas leyendo este capítulo.

1. ¿En qué etapa de la vida te encuentras?
2. ¿Que dice la estadística sobre la esperanza de vida?
3. ¿Cuál es la perspectiva de Dios sobre tu vida en la tierra?

ETAPAS

Me anima la idea de imaginar la vida partida en *etapas*. Por alguna razón esta forma de verla me hace sentir esperanzada, me hace pensar que tengo más de una oportunidad para comenzar de nuevo, o en el mejor de los casos replantearme la vida.

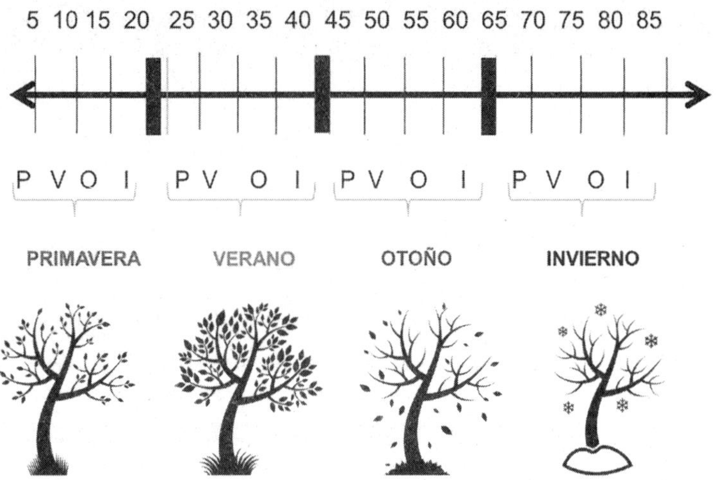

Te quiero compartir una gráfica diseñada por el Dr. Alfonso Ruiz Soto, quien es fundador del Instituto de Semiología S.C. ("semiología" es el estudio de los signos de la vida social). Es un diagrama sencillo al cual ha llamado "Las Estaciones de la consciencia", y puede ayudarnos a ubicar con mayor claridad el momento o la "Estación" en la que nos encontramos ahora mismo sobre la línea de la vida.

La sola comparación de las etapas de la vida con las estaciones del año puede darnos una visión gráfica y bastante atinada de aquello que podemos encontrarnos a lo largo del camino.

> Partimos de la "Etapa inicial", ubicada entre los 0 y los 21 años de edad, a la cual le llamaremos la PRIMAVERA de la vida. Una floreada, colorida e iluminada temporada de siembra por excelencia.
>
> Le sigue un cálido, productivo y a veces retador VERANO, ubicado entre los 24 y los 42 años de edad; una "Etapa intermedia" en la que naturalmente se goza de días más largos y noches más cortas.
>
> Los frescos, lluviosos y airados días de OTOÑO, denominados la "Etapa avanzada", se encuentran entre los 45 y los 60 años de edad, dentro de los que naturalmente caen algunas hojas de los árboles y abren paso a contemplarlo todo con una mejor perspectiva.
>
> Y, por último, está el romántico y reflexivo INVIERNO, llamado la "Etapa final", donde se acortan los días y se alargan las noches. Llega con un imponente frío que congela los mejores escenarios de la vida, conservando lo más valioso que se mantiene de nosotros y que tiene el potencial de inspirar a las futuras generaciones. Está ubicado entre los 63 y los 84 años de vida y más.

Cada etapa contiene, a su vez, las cinco estaciones intermedias que nos permiten experimentar las bondades y los retos de cada estación varias veces a lo largo de la vida.

TODA NUESTRA VIDA ES TEMPORADA DE COSECHA; PERO NO TODAS LAS TEMPORADAS SERÁN EL MEJOR MOMENTO PARA SEMBRAR

¿En qué estación te encuentras sobre esta línea de la vida?

LA ESTADÍSTICA

Para darnos una idea del momento de vida en el que nos encontramos (lo menos emocional posible), a continuación veremos la visión estadística de la línea de la vida.

En términos estadísticos, la vida pareciera tener una fecha de caducidad más o menos predecible. Para calcular este dato técnicamente se utiliza algo llamado "esperanza de vida", se refiere al número de años que en promedio se espera que viva una persona después de nacer. Se basa en parámetros sociales y económicos que marcan el nivel de vida, para así finalmente determinar la esperanza de vida.

En México, donde vivo actualmente, la esperanza de vida ha aumentado de una forma asombrosa. En 1930 las personas vivían en promedio 34 años; en 1970 el indicador se ubicó en 61 años; en el 2000 fue de 74 años; y en 2019 de 75, siendo hasta ahora las mujeres quienes lideramos la carrera de la longevidad.

Los datos estadísticos son medidas generales que avalan la observación y el estudio de una conducta específica. Hay cientos de miles de excepciones a todas las reglas y esas excepciones humanizan y personalizan nuestra existencia, cosa que nos sigue evidenciando como dueños de nuestro propio destino.

EL CÁLCULO DIVINO

No podía dejar de citar la opinión de las escrituras más antiguas, la Biblia, respecto a nuestro tiempo de vida en la tierra. Por cierto, este dato está muy cercano al cálculo estadístico, por lo que avala la idea de que Dios y la ciencia se afirman, no se contradicen.

> *¡Setenta son los años que se nos conceden! Algunos incluso llegan a ochenta....* (Salmos 90:10)

Para aquellos que creemos en una vida después de la muerte, sabemos que esa línea imaginaria que parece trazar nuestra existencia ocupa un espacio finito comparado con el tiempo ilimitado que viviremos eternamente. Eso, además, nos concede la alentadora esperanza de que viviremos más y mejor en los años postreros a la vida en la tierra; pero nos recuerda también que todo cuanto hagamos mientras estemos sobre ella, tendrá una trascendencia eterna.

PRIMAVERA VERANO OTOÑO INVIERNO

Vida en la tierra

Cualquiera de las visiones anteriores refleja el grado de vulnerabilidad del ser humano, cosa que me ha llevado a entender que la frase "si Dios quiere" tiene mucho más valor del que había querido acreditarle.

> *Presten atención, ustedes que dicen: «Hoy o mañana iremos a tal o cual ciudad y nos quedaremos un año. Haremos negocios allí y ganaremos dinero». ¿Cómo saben qué será de su vida el día de mañana? La vida de ustedes es como la neblina del amanecer: aparece un rato y luego se esfuma. Lo que deberían decir es: «Si el Señor quiere, viviremos y haremos esto o aquello». De lo contrario, están haciendo alarde de sus propios planes pretenciosos, y semejante jactancia es maligna.*
>
> (Santiago 4:13-16)

Sabiendo entonces que la vida en la tierra tiene un principio y un fin (al menos planteado en la teoría, y sin contar las eventualidades), la planeación de nuestro futuro inmediato *no debería* quedar a merced de una racha emocional; más bien *tendría* que tomarse como un reto primordial, sobre todo si te encuentras cerca de esa etapa de vida que, a la luz de la estadística, la semiología y la Biblia me atreveré a llamar: "la otra mitad de la vida".

¿Estás tú en la segunda *mitad de tu vida*?

2

¡DETENTE!

Si te encuentras cronológicamente ubicado en, o alrededor, de "la mitad de tu vida", quiero decirte que este es un buen momento para hacer un alto. ¡Sí! Hablo de detenerse, pero no porque las cosas vayan mal. La vida puede ir caminando maravillosamente para ti, pero hacer una pausa cada cierto tiempo debería ser algo que traigamos intencionalmente a la mesa repetidas veces en la vida para reflexionar.

La vida corre tan rápido que pareciera no parar de exigirnos, ¡es increíble! Vivimos en un mundo de placer instantáneo, todo necesita ocurrir de manera inmediata porque sino parece perder nuestra atención. Aun los mensajes se escuchan hoy de forma acelerada, existe un botón que le da velocidad a cada cosa que antes era un deleite vivirla a un ritmo natural.

Estamos tan atrapados en la locura de la rutina diaria y la velocidad con que se vive, que sin darnos cuenta perdemos de vista el daño que la sobreestimulación, la prisa, la distracción y la impaciencia le está ocasionando a nuestra capacidad de trabajar, crear, innovar, incluso a nuestra capacidad de reflexionar.

Poco a poco estamos comprometiendo nuestra salud mental, espiritual y física, así como nuestras relaciones afectivas, familiares y profesionales al pretender correr por la vida en lugar de vivirla.

El paso de la vida es algo natural, lo hemos sabido desde siempre, cada año, cada día y cada minuto sabemos que la vida va pasando. Pero al vivir corriendo perdemos conciencia de la velocidad real con la que lo hace. Entonces, para poder ver con claridad y perspectiva, es necesario *detenerse.*

3

RESPIRA

A lo largo de esta lectura encontrarás repetidas veces la frase "respira profundamente". Esta será una invitación personal a que hagas algo que considero fundamental para llevar a cabo cualquier proceso introspectivo.

Pero me gustaría explicarte con más detalle la razón de mi insistencia.

En los últimos años, la importancia de respirar de forma consciente ha tomado mucha fuerza dentro de las diferentes prácticas que promueven el crecimiento personal. Se ha demostrado biológicamente que respirar de manera lenta, profunda y rítmica reduce la frecuencia de los latidos del corazón. Eso genera tranquilidad mental y relajación muscular, grandes aliados a la hora de regular nuestras emociones para no vernos arrasados por ellas.

¡Imagínate!, los expertos dicen que los efectos de una emoción solo se sostienen en nuestro cuerpo por no más de entre 80 y 120 segundos. Estoy completamente segura de que esto no tiene ningún sentido cuando todos podemos asegurar, con base en la experiencia, que hemos estado tristes por semanas, que nos hemos sentido alegres por alguna situación durante días, o alguna angustia ha superado los meses. Entonces ¿por qué la ciencia dice que biológicamente una emoción solo dura dentro de nosotros menos de dos minutos? ¿Qué es lo que hace que sintamos las emociones por horas, meses o hasta años?

La respuesta está en *nuestra actitud*.

Para aclarar este punto quisiera mostrarte la "definición biológica" de esta palabra.

Actitud es la disposición mental de una persona para sostener una emoción en el tiempo.

No hay mucho más que decir, es la actitud que tomemos ante los retos de la vida la que determinará cuánto tiempo durará una emoción buena o mala dentro de nosotros.

Déjame darte un ejemplo: si alguna situación te hace enojar, pero tu actitud es positiva, sentirás el enojo biológicamente durante dos minutos. Sin embargo, los pensamientos positivos que generaste no alimentarán esa emoción negativa para que perdure, sino que ayudarán a que se transforme en límites, firmeza o alguna otra actitud que te sume.

Todo este proceso de transformación comienza solo cuando decidimos detenernos y respirar.

> *No hay mejor medicina que tener pensamientos alegres* (buena actitud). *Cuando se pierde el ánimo, todo el cuerpo se enferma.* Proverbios 17:22 (TLA) (paréntesis añadido)

Si nos observáramos detenidamente, nos daríamos cuenta de que todo esto que parece una nueva moda acerca de la respiración, ha ocurrido siempre de manera natural. Cada vez que nos sentimos rebasados por una situación que nos genera una emoción, sentimos inmediatamente la necesidad innata de respirar, el cuerpo nos obliga a inhalar y exhalar profundamente para intentar recuperarse.

Por lo tanto, al animarte a que "respires profundamente" no te estoy invitando a otra cosa más que a practicar algunas técnicas y ejercicios de respiración. Estos están enfocados en que seamos conscientes de cada inhalación y exhalación para encontrar la relajación y claridad mental.

La Biblia también promueve ampliamente la idea de respirar, y usa el término *pneuma* para nombrar al *aliento de vida*. En el antiguo hebreo, la palabra *pneuma* (aliento, soplo, aire) es la misma palabra empleada para definir al Espíritu de Dios. ¡Eso es maravilloso! No podemos pretender vivir solamente de aire, es necesario que nuestro aire venga cargado de espíritu, ¡y qué mejor que del Espíritu de Dios mismo!

> *Pero lo que da entendimiento al hombre es el espíritu que en él habita; ¡es el aliento del Todopoderoso!* Job 32:8 (NVI)

> *El Espíritu de Dios me ha creado, y el aliento del Todopoderoso me da vida.* Job 33:4

La respiración consciente debe ser practicada de manera profunda y concentrada durante un tiempo y situación específicos.

Así, después de practicarla tendremos una mayor facilidad para conectar con nuestro espíritu, lo que nos ayudará a encontrar claridad para abrir nuevos caminos mentales y así no caer siempre en los mismos baches.

Te confieso que hasta hace poco no sabía nada respecto de la respiración, hoy sé que: influye de manera inmediata en la manera en que nuestra mente se siente. Y es que el proceso de respirar tiene más atributos cuando ocurre únicamente de forma nasal, esto es, inhalar y exhalar por la nariz nos genera una mejor actividad a nivel neuronal, lo que amplía nuestra capacidad para aprender, memorizar y tomar mejores decisiones, lo que provoca que disfrutemos más y mejor las experiencias de la vida.

¡VAMOS A LA PRÁCTICA!

Hay muchas técnicas de respiración, pero en estas páginas quiero compartirte las dos que practico de manera habitual: la respiración torácica y la respiración diafragmática (mínimo 5 repeticiones c/u).

LA RESPIRACIÓN DE CAJA TORÁCICA RELAJANTE 4-7-8.

Es un tipo de respiración relajante, útil para conciliar el buen sueño y meditar.

Por lo regular la practico antes de mi oración y mi lectura bíblica diaria, por lo general en momentos en los que necesito claridad mental y busco sentir la presencia del Espíritu Santo. Es útil también para cuando necesitas grabar información o aclarar tus pensamientos.

Está demostrado que físicamente disminuye la fatiga, reduce la ansiedad, mejora los síntomas del asma, reduce el comportamiento agresivo, gestiona los impulsos, anula el insomnio y mejora notoriamente los síntomas de la migraña.

Los números 4-7-8 indican únicamente los segundos que durará cada paso.

¿CÓMO SE HACE?

- vaciar los pulmones de aire;
- inspirar silenciosamente por la nariz durante 4 segundos;
- retener el aire durante 7 segundos y exhalar con fuerza por la boca, cerrando los labios y haciendo un ruido silbante durante 8 segundos.

LA RESPIRACIÓN DIAFRAGMÁTICA 3-6-9

Está específicamente creada para ayudar a tu cuerpo a encontrar equilibrio a la hora de enfrentar situaciones complicadas. Es una técnica de respiración sencilla que disminuye la frecuencia eléctrica del cerebro, reduciendo la producción de endorfinas que estresan y dañan el sistema inmune.

Los números 3-6-9, como en la técnica anterior, indican únicamente los segundos que debe durar cada paso.

¿CÓMO SE HACE?

- Colocar una mano sobre la parte superior del estómago y la otra sobre el pecho, esto para regular los movimientos y ser consciente de ellos.
- Procurar que la mano que está sobre el pecho se mueva lo menos posible; entonces, inhalar suavemente aire por la nariz durante 3 segundos, dirigiéndolo hacia el vientre e inflándolo.

- Una vez ahí, retenerlo durante 6 segundos y luego exhalar lentamente por la nariz durante 9 segundos.

Te invito a practicar ahora mismo la respiración. Tómate unos minutos

Centra toda tu atención en cómo entra y sale el aire por tu nariz.

En este momento de observación, tu cerebro estará prácticamente centrado en la parte frontal llamada corteza prefrontal, y todo el resto estará en calma en algo llamado *silencio neuronal*. En tiempos donde en nuestro mundo hay tanto ruido, esto es algo que tu cuerpo agradecerá.

LA RESPIRACIÓN EN LA ORACIÓN 4-7-8

Antes de iniciar tu oración y tu meditación diaria, pregúntate estas dos cosas:

¿Cuál es esa emoción que quiero inhalar, esa verdad espiritual que quiero que viva dentro de mí para que me transforme?

¿Cuál es esa emoción que quiero exhalar y sacar de mi vida porque me está haciendo daño?

Así, cada vez que empieces a respirar profundamente mientras oras, serás consciente de cada verdad que estarás inhalando, de la misma manera que lo harás echando fuera cada mentira que has creído sobre ti.

Amados lectores, no debemos esperar a sentir o creer la verdad de Dios para poder adueñarnos de ella; hagámosla nuestra simplemente porque está comprobado que su palabra tiene el poder y la autoridad para derribar los argumentos mentales que el enemigo ha querido levantar en nuestras vidas. Lo demás lo hace Dios.

Te doy un ejemplo:

Inhala, sabiendo que "todo lo puedes en Cristo que te fortalece" (Filipenses 4:13).

Sostén el aire, mientras esa verdad invade y penetra hasta lo más profundo de tu ser.

Exhala, saca el miedo que te genera enfrentar tal situación.

¡Estas son armas espirituales!

> *Pues aunque vivimos en el mundo, no libramos batallas como lo hace el mundo. Las armas con que luchamos no son del mundo, sino que tienen el poder divino para derribar fortalezas. Destruimos argumentos y toda altivez que se levanta contra el conocimiento de Dios, y llevamos cautivo todo pensamiento para que obedezca a Cristo.*
>
> 2 Corintios 10:3-5 (NVI)

Si practicas respirar conscientemente, no solo cuando te encuentres en una situación límite sino también cuando te apartes para meditar y orar, vivirás una experiencia poderosa que no solo te dará descanso, también impregnará tu mente, tu cuerpo y espíritu con un verdadero soplo de vida (*pneuma*).

4

TENGO TIEMPO

Era un viernes frío y lluvioso en la Ciudad de México.

Aquella tarde, alrededor de las cuatro, estaba recostada en mi cama viendo hacia el ventanal; un vidrio detrás del cual se escurrían las gotas de esa agradable lluvia de verano.

No tenía en puerta ninguna grabación o proyecto pendiente, mi esposo estaba en un viaje de trabajo y mi hijo mayor no comería en la casa. Cami (mi otra hija adolescente) tenía la visita de una amiga, pero con la puerta cerrada solo me permitían escuchar la música y el sonido distorsionado de sus llamadas en altavoz. Esto solo antes de que pasaran por ellas un grupo de amigos para ir juntos al cine. Y mi Pau, mi chiquita (aunque ya no tanto), había sido invitada a casa de una amiga a jugar, aunque por la edad ya no requería la compañía de mamá como chaperona.

Cerré mi puerta para atenuar un poco el volumen de la música, y miré hacia afuera, sin tener otra cosa urgente en la cual ocuparme, descubrí que tenía *tiempo, tiempo libre, tiempo sola, tiempo para mí.*

Dentro de mí sabía que, aunque no sería así siempre, sí era el principio de algo. Algo a lo que he llamado desde el principio de este libro *la otra mitad de la vida.*

No sé en qué lugar y momento de la vida te encuentres, y no espero coincidir en los tiempos y formas de vida con cada persona que abra este libro. Sin embargo, si has descubierto que tienes tiempo para ti más seguido de lo que estabas acostumbrado, y si notas que hay espacios en los que se te ha estado ocurriendo emprender nuevas cosas, antes de que te ocupes con alguna nueva actividad ¡espera! Solo el hecho de poder observar y reconocer que tienes tiempo es el principio de algo nuevo en tu vida, algo que no debe tomarse a la ligera.

Vence la tentación de tener que hacer algo. Vivimos constantemente forzándonos a tener que resolver inmediatamente cada duda y a ocupar cada espacio libre que la vida nos regala. Cuando no se tiene claro a dónde ir, no se debe ir a ningún lado. Aprendamos a estar en paz con la idea de quedarnos quietos un rato hasta que el panorama se aclare.

Si necesitas ausentarte por un tiempo para mejorar tu relación contigo mismo, trabajar en silencio, alejarte de los placeres momentáneos y de la validación ajena; si necesitas dejar de frecuentar a algunas personas para pensar con claridad y voltear a verte a ti mismo/a, ¡hazlo!

Estoy segura de que después de tomarnos un tiempo, siempre regresaremos con mejor ánimo, con mayor claridad y más listos para lo que sigue.

SI NECESITAS DEJAR DE FRECUENTAR A ALGUNAS PERSONAS PARA PENSAR CON CLARIDAD Y VOLTEAR A VERTE A TI MISMO/A, ¡HAZLO!

5

¿DÓNDE ESTÁS?

Pensar en una respuesta a la pregunta "¿dónde estás?" parece un tema de menor importancia, pero a lo largo de este capítulo te mostraré que responderla de manera consciente te brindará una de las experiencias más importantes que vas a vivir mientras lees este libro.

Estamos diseñados de tal forma que nuestra mente, cuerpo y espíritu necesitan una especie de permiso interno para cualquier cosa que deseemos emprender, y ese permiso requiere tener un esquema completo del estado en el que ahora mismo te encuentras.

Curiosamente, conocer el "dónde estás" de otra persona pareciera ser una tarea más fácil que reconocer el "dónde estás" propio, y no me refiero a una localidad física. Estoy segura de que podríamos dar rápidamente una respuesta a esta pregunta cuando nos la hacemos refiriéndonos a aquello que nos rodea: nuestra pareja, nuestros hijos, los padres, el trabajo, etc.

Solo podemos tener claridad del lugar hacia el que queremos ir cuando tenemos pleno conocimiento del "lugar" del cual estamos partiendo. Funciona de la misma manera que las aplicaciones de movilidad: antes de indicar el lugar al que deseas dirigirte, siempre deberás poner la ubicación exacta del lugar en donde te encuentras, solo así podrás dar inicio a tu viaje.

Esa tarde estaba sola en mi cuarto, y me entretuve viendo las gotas de lluvia deslizarse por el ventanal mientras mi mente recreaba ese ciclo de vida que empezaba a cerrarse. Allí entendí que antes de querer resolver cualquier cosa en la vida, es necesario darnos permiso de reconocer eso que estamos sintiendo, de aceptar nuestra humanidad, de pararnos en el momento de vida que enfrentamos; permiso de estar confundido/a, de sentirte triste, frustrado/a, de no saber qué hacer o por dónde empezar, de renunciar a seguir cumpliendo expectativas, de ser melancólico/a, de llorar y, por qué no, permiso de reconocer que a veces nos equivocamos y necesitamos un cambio.

Solo cuando nos demos estas licencias, abriremos el camino que conduce al redescubrimiento de nuestro nuevo yo, y así podremos extendernos sanamente a lo que sigue para cada uno de nosotros.

DARTE PERMISO DE DISFRUTAR EL ÉXITO Y DE LLORAR EL FRACASO ES ALGO QUE TAMBIÉN ESTÁ EN EL CORAZÓN DE DIOS

Me da mucha paz saber que a Dios no le molestan ni le incomodan tus emociones o las mías, y en lugar de eso sabe que es sano tenerlas, y nos anima a reconocer cómo nos sentimos. Total, Él ya lo sabe.

> *Señor, tú me examinas y me conoces. Sabes cuándo me siento y cuándo me levanto; aun a la distancia me lees el pensamiento. Mis trajines y descansos los conoces; todos mis caminos te son familiares. No me llega aún la palabra a la lengua cuando tú, Señor, ya la sabes toda.*
>
> Salmo 139:1-4 (NVI)

Hay un relato en los textos bíblicos que nos revela la empatía que el Padre todopoderoso muestra ante un hijo que reconoce el lugar de dolor en el que se encuentra, mientras siente que no puede más. En 1 de Reyes 19, Elías, el gran hombre de fe, luchaba fuertemente con una depresión que lo mantenía atemorizado y escondido. Allí, Dios le mostró su gran amor al acompañarlo en medio de su dolor.

Contrario a lo que cualquiera de nosotros pensaría, no le envió algún mensajero que le reclamara por su falta de fe, tampoco mandó un soldado que lo condenara por su condición de derrota. No le mostró que tenía que orar más fervientemente para salir de ahí, y ni siquiera cuestionó la forma como se sentía en esos momentos. Lo único que hizo fue enviar un ángel para cuidarlo, para alimentarlo en medio de su situación, para levantarlo, darle un toque divino y mostrarle el camino que debía seguir.

> *Elías tuvo miedo y huyó para salvar su vida. Se fue a Beerseba, una ciudad de Judá, y dejó allí a su sirviente. Luego siguió solo todo el día hasta llegar al desierto. Se*

sentó bajo un solitario árbol de retama y pidió morirse: «Basta ya, SEÑOR; quítame la vida, porque no soy mejor que mis antepasados que ya murieron». Entonces se acostó y durmió debajo del árbol. Mientras dormía, un ángel lo tocó y le dijo: «¡Levántate y come!». Elías miró a su alrededor, y cerca de su cabeza había un poco de pan horneado sobre piedras calientes y un jarro de agua. Así que comió y bebió, y volvió a acostarse. Entonces el ángel del SEÑOR regresó, lo tocó y le dijo: «Levántate y come un poco más, de lo contrario, el viaje que tienes por delante será demasiado para ti». Entonces se levantó, comió y bebió, y la comida le dio fuerza suficiente para viajar durante cuarenta días y cuarenta noches hasta llegar al monte Sinaí, la montaña de Dios. Allí llegó a una cueva, donde pasó la noche.

1 Reyes 19:3-9

Así quedó registrada la libertad y el amor que Dios nos ofrece aun en los momentos más retadores de la vida.

Es muy importante reconocer *el lugar en donde estamos*. Las Escrituras han documentado esa pregunta como el primer cuestionamiento que Dios le hizo al hombre.

*Mas Jehová Dios llamó al hombre, y le dijo: ¿*Dónde estás tú? *Y él respondió: Oí tu voz en el huerto, y tuve miedo, porque estaba desnudo; y me escondí. Y Dios le dijo: ¿Quién te enseñó que estabas desnudo? ¿Has comido del árbol del que yo te mandé no comieses?* Génesis 3:9-11 (RVR-60)

Es claro: Dios sabía dónde se encontraba Adán física, mental y espiritualmente; Él lo sabe todo. Pero al hacerle esta pregunta específica estaba abriendo la puerta para que internamente tú y yo nos cuestionemos:

¿Dónde estoy?

Si estás enojado, frustrado, te sientes estancado, estás pasando por un momento de depresión, te sientes desanimado; o si estás pleno, ilusionado y te sientes feliz, tómate la libertad de expresarlo en las siguientes líneas.

Respira profundamente…

Te comparto algunas de las preguntas obligadas que vinieron a mi mente cuando me lo pregunté, tal vez puedan ayudarte a tener mayor claridad para definir tu ubicación.

¿Estoy donde quiero estar?

¿Estoy haciendo lo que me gusta?

¿Estoy haciendo lo correcto?

¿Vale la pena luchar por esto que persigo?

¿Con qué y con quiénes cuento realmente?

¿Tengo tiempo para mí?

¿Quiénes dependen de mí?

¿Cómo están mis relaciones más cercanas?

¿Tengo paz?

¿Dónde estás?

____

____

____

____

____

ACEPTACIÓN

La aceptación es un principio liberador que conduce a la sanidad. Cuando nos cuesta aceptar los procesos o el lugar en donde estamos, no podemos aspirar a ir más allá.

Requiere de mucha valentía aceptar una separación que no planeaste, una pérdida que parece haberse llevado parte de ti, una enfermedad que cambió tu vida. Aceptar que una relación ya no funciona, que pierdes el control con mayor frecuencia, una adicción que te avergüenza, o aceptar que estás en guerra contigo mismo, todo esto requiere valor.

Nuestro cuerpo, mente y espíritu somatiza la falta de aceptación con crisis de dolor, miedo, ansiedad y enfermedades físicas. Al final, cuando no aceptamos nuestra realidad, anulamos nuestra propia historia, tomando la decisión de vivir creyendo una mentira en la que solo nosotros conocemos la verdad.

Tú y yo tenemos espíritu de discernimiento, sabiduría y verdad, es algo con lo que hemos sido creados, y gracias a eso estamos capacitados para pararnos por encima de cada situación, lugar o momento que estemos viviendo. Tenemos el poder y la autoridad del Espíritu de Dios en nosotros para soportar cosas que en nuestras fuerzas no podríamos; contamos con ayuda sobrenatural a nuestra disposición para abrir y cerrar puertas a las que humanamente no tendríamos derecho a acceder. Y por si fuera poco, tenemos en nosotros la naturaleza creadora de Dios para transformar esas situaciones y usarlas como un propulsor de cosas buenas.

Respira profundamente…

Ahora que te has detenido para escucharte y reconocer el lugar en donde estás, tómate tu tiempo, dale valor a eso que estás sintiendo, escucha tu cuerpo y reconcíliate con la idea de abrazar tu situación, no para quedarte ahí sino para superarla sin caer en la tentación de evadirla.

La oración es una de las herramientas más útiles que puedo compartirte para antes, durante y después de cualquier proceso introspectivo de aceptación. Ora conmigo:

> *Espíritu Santo, creo que estoy lista/o para quitarme ese velo que no me dejaba ver con claridad; necesito tu compañía en este momento de aceptación y verdad. Ayúdame por favor, dame el discernimiento y entendimiento necesarios para reconocer que no soy una víctima de la vida, sino que soy parte activa de ella. Necesito tu fortaleza para recorrer el camino hacia mi paz en medio de esta circunstancia por la que estoy pasando. Por favor, dame estrategias espirituales, mentales y físicas para caminar sobre y a través de esto. Sé que estoy hecha/o a imagen y semejanza del Todopoderoso y que todo lo puedo en Cristo que me fortalece.*

6

DEL UNO AL CINCO

Probablemente has empezado a reconocer y aceptar tu historia. Pretender negarla, intentar olvidarla, vivir de glorias pasadas o expectativas futuras no ayuda. Lo único que hará que tu historia valga es hacer que lo que viviste te genere un aprendizaje. Cámbiale la jugada al dolor, quítale el derecho que creyó tener para destruirte y toma nuevas fuerzas. Provoca que los años de escasez, hoy despierten tu creatividad para generar nuevos recursos. Que la abundancia vivida te inspire a ayudar a otros. Que el fracaso amoroso te motive a fortalecer tu amor propio, y que la pérdida te ayude a ver la vida con perspectiva divina. Procura que los errores te generen discernimiento, que el miedo deje de ser un protagonista en tu vida y que el amor te ayude a no perder la fe en el futuro.

En el proceso de aprender de lo vivido es importante evaluar cómo nos sentimos. No es posible tener una mente y un corazón sanos si no depuramos constantemente, si no aprendemos lo nuevo, si no nos evaluamos.

Hace unos años, en una junta de padres de familia del colegio de mi hijo mayor, nos hicieron una actividad cuyo objetivo era saber cómo nos sentíamos con relación a los retos que teníamos por la llegada a la adolescencia. Por otro lado, nuestros hijos fueron cuestionados con la misma pregunta referente a su sentir en relación con nosotros en ese momento de vida.

Me pareció muy interesante darme cuenta de que la forma en que me sentía frente a ciertos desafíos era totalmente contraria a la percepción de la realidad de ellos. Necesitamos evaluarnos para saber en realidad qué estamos pensando.

¡No creas todo lo que tu mente dice!

HAGAMOS UN EJERCICIO

Responde rápidamente qué calificación del 1 al 5 te pondrías referente a los siguientes temas, donde 1 es la puntuación más baja y 5 la más sobresaliente.

1. ¿Qué calificación te darías como persona de manera integral (mental, espiritual y físicamente)?

   Puntaje personal: __________

2. Si la gente te calificara, ¿qué puntuación crees que te pondrían las personas que te conocen?

   Puntaje social: ___________

3. Si crees en Dios y confías en que Él todo lo ve y todo lo sabe, ¿qué calificación crees que te daría?

Puntaje Divino: __________

Este es solo un ejercicio, ¡no lo juzgues!

Estos puntajes son, en resumidas cuentas, un reflejo rápido de la forma en cómo piensas acerca de ti mismo en las tres esferas más importantes de la vida: cómo te ves en lo personal, cómo te sientes en relación con los demás y con qué tanta aceptación o juicio te percibes en la esfera espiritual.

Ahora, no sé cómo te sientas en él área personal o en relación con los demás, son áreas que estaremos trabajando a lo largo de este libro; lo que sí quiero decirte es que por lo menos tu "puntaje divino" debió haber sido contestado con un 5, no por tu comportamiento o por las buenas obras qué haces, sino porque este puntaje está determinado por la naturaleza de Dios.

Dios te ve con total aceptación, envió a su único hijo a morir por ti, su amor es incondicional y no hay nada que puedas hacer para que te ame más o te ame menos de lo que hoy te ama, porque su amor y su misericordia son inagotables.

Descansa en esta verdad.

Ahora, si bien es cierto que no nos definen los números, lo que sí cuenta —y siempre es muy importante para examinarte y poder encontrar tus tesoros escondidos o fallas profundas— es descubrir el poder de la autoevaluación, esa que la soberbia puede ensombrecer y la comparación desviar.

La autoevaluación es un método que nos permite tener un mejor conocimiento de nosotros mismos en todos los aspectos de la vida, ya sea abordando asuntos relacionados con nuestras capacidades físicas y mentales o tocando temas emocionales.

Lo más rescatable que hay en autoevaluarnos es que quien "califica" somos nosotros mismos, y no un extraño "agradador de personas" o un "enemigo inminente". *Tú no necesitas mentirte.* Nadie mejor que uno mismo para reconocernos y quitar esas caretas que por miedos e inseguridades terminamos usando. Hacer ejercicios constantes de verdad nos ayudará a vivir en libertad.

Conocerán la verdad y la verdad, los hará libres.

Juan 8:32

La idea es conocernos, al derecho y al revés, de arriba a abajo, de la A a la Z, lo bonito y lo feo, tus síes y tus noes, tus virtudes y defectos, lo que crees y lo que definitivamente no crees, lo que quieres creer y lo que te niegas a hacerlo; todo esto terminará construyendo un osado ser que sabe quién es y toma responsabilidad de su propia vida.

Querido lector, la vida no nos debe nada, es nuestra responsabilidad sanarnos hoy para caminar en libertad, cortar con cada herencia emocional que ha sido diseñada para destruirnos, y hacerlo también con nuestras generaciones futuras. Y la mejor forma de sanar comienza evaluándonos, teniendo por lo menos una idea general de cómo funcionamos en nuestro interior, solo así sabremos lidiar de mejor forma con los embates de la vida.

ES NUESTRA RESPONSABILIDAD SANARNOS HOY PARA CAMINAR EN LIBERTAD

Cada uno de nosotros reacciona de manera distinta a los estímulos que lo estresan o alteran su personalidad. Quien es normalmente sensible se vuelve muy vulnerable cuando se somete al estrés, el tímido tiende a bloquearse y no sabe cómo reaccionar, el impulsivo reacciona de manera agresiva, aquel que es inseguro e indeciso tiende a despertar obsesiones, y el perfeccionista se frustra.

Como ves, el autoconocimiento posee la llave que abre la puerta a una vida más consciente, responsable y mejor.

Te invito a hacerte algunas preguntas que propone la psiquiatra Marian Rojas Estapé como una herramienta de autoconocimiento.

La respuesta a cada cuestionamiento puede incluir cosas, momentos, circunstancias, personas, recuerdos. Respóndete sin juicios de valor.

VAMOS A LA PRÁCTICA

Oxigena tu cerebro antes de contestar estas preguntas.

Respira profundamente: 4-7-8

¿Cuáles son los factores que te estresan?

1. ____

2. ____

3. ____

4. ____

5. ____

¿Cuáles son esas cosas que te avergüenzan?

1. ______________________________
2. ______________________________
3. ______________________________
4. ______________________________
5. ______________________________

¿Qué situaciones te ponen en alerta?

1. ______________________________
2. ______________________________
3. ______________________________
4. ______________________________
5. ______________________________

¿Qué te enoja fácilmente?

1. ______________________________
2. ______________________________
3. ______________________________
4. ______________________________
5. ______________________________

¿A qué le tienes miedo?

1. ______________________________
2. ______________________________
3. ______________________________
4. ______________________________
5. ______________________________

¿Qué cosas te motivan y te animan a seguir?

1. ____
2. ____
3. ____
4. ____
5. ____

¿Qué te hace sentir feliz?

1. ____
2. ____
3. ____
4. ____
5. ____

Cuanto más nos cuestionemos, más atinados seremos a la hora de conocernos, aceptarnos, poner límites saludables y gestionar nuestras emociones.

SIN COMPARACIONES

En el proceso de autoevaluarnos en busca de conocer la verdad, por favor ¡no te compares!, las comparaciones son sumamente destructivas. "La primera mitad de la vida" de todos es diferente, ninguna será como la tuya, no importa qué tantas personas alrededor conozcas viviendo los mismos procesos, tu historia tiene su propia huella.

SIEMPRE HAY TIEMPO, ¡NO CORRAS!

No, no estás con el tiempo en contra, como constantemente nos gritan las inseguridades de la edad. Esas inseguridades buscan que no trabajemos en nuestro interior argumentando que ya no tiene caso, ¡pero tenemos la experiencia a nuestro favor! Aun a nuestra edad podemos aprender a caminar con sabiduría, sin cargas ajenas y sin querer controlarlo todo. No le des lugar a la derrota, haz que en "la otra mitad de tu vida" cada día valga la pena ser vivido.

¡Sin prisas, pero sin pausas; aprovechando bien los días!

> *Así que tengan cuidado de cómo viven. No vivan como necios sino como sabios. Saquen el mayor provecho de cada oportunidad en estos días malos. No actúen sin pensar, más bien procuren entender lo que el Señor quiere que hagan.* Efesios 5:15-17

Pensar es difícil. Por eso la mayoría de la gente prefiere juzgar.
—Carl Jung

7

SANANDO EL PASADO

He escuchado a personas hablar de dos maneras diferentes acerca de su pasado. Un grupo asegura que aunque se pudiera, no cambiaría nada de él. Creen que tanto lo bueno como lo malo que han hecho ha representado un aprendizaje; lo llamaré *aceptación*. Mientras que el otro grupo afirma que hay cosas que hicieron en su pasado de las cuales no se sienten orgullosos, y si se pudieran revertir el tiempo no las harían de nuevo, practican el arrepentimiento genuino como una puerta liberadora e incentivo para cambiar su presente; lo llamaré *arrepentimiento*.

En lo personal me he valido de los dos pensamientos para salir bien librada de mi pasado: la aceptación y el arrepentimiento.

Sea cual sea tu versión acerca del pasado, lo que sí es cierto es que existe, nos ha marcado, nos ha enseñado, ha sembrado buenas y malas semillas, y depende de cada uno de nosotros si las abonamos o las arrancamos de nuestro presente.

En mi pasado viví cosas de las cuales no me siento orgullosa, aun me atrevo a decir que hay personas que conocen una versión tan vieja de mí, que en realidad hoy ya no me conocen.

He vivido momentos idílicos que superaron todas mis expectativas, así como dolores que resquebrajaron mi alma, y con todo esto he aprendido que del pasado solo se saca lo bueno cuando se *reconoce*, si es posible se *enmienda* y si no, se *perdona*.

La mayoría de los comportamientos que exteriorizamos hoy tienen una raíz en el interior y fueron plantados en el terreno del pasado. Si no sanamos los dolores, el maltrato, el abandono, el desamor, el abuso, la crítica, y en general todas esas heridas que nos hicieron daño, probablemente terminemos haciendo ese mismo daño pero a las personas que no fueron quienes nos provocaron esas heridas.

No hay ningún cambio de pensamiento, hábito o comportamiento que queramos mejorar, o mantenerlo a través de los años, que no tenga su raíz en una verdadera renovación interior.

LAS BUENAS INTENCIONES NO NOS ALCANZAN

Sin duda, en ocasiones ha pasado por mi mente la idea de que hablar de la infancia o de eso que ya tiene años de haber sucedido es innecesario y estéril, y aún he llegado a pensar que sin ir hacia atrás también podemos enfrentar la vida, pero ¡créeme! En nuestro comportamiento actual hay más de nuestras heridas, enojos, alegrías y frustraciones pasadas de lo que todos quisiéramos.

A continuación haremos un recorrido rápido a través de las etapas más significativas de tu vida para no dejar "cabos sueltos", y de una vez por todas cerrar esos ciclos inconclusos que seguramente no te han permitido avanzar.

Comencemos...

No te predispongas ni tengas miedo, sé que en ocasiones no ha sido fácil visitar el pasado, pero esta vez te ofrezco una guía segura. Puedes cerrar tus ojos y pedir al Espíritu de Dios que camine contigo.

Respira profundamente...

Vamos directamente hacia la infancia.

Trata de crear en tu mente la imagen de ese niño que fuiste; si tienes una foto de tu infancia ¡maravilloso!, ve por ella.

Intenta recordar qué le dolía a ese niño, y también qué era eso que disfrutaba.

____

____

____

____

____

Solo tu *yo adulto* puede ayudar a tu *yo niño* a sanar eso que en su momento no pudo resolver. Puede ser ese miedo a decepcionar que nació de una infancia llena de conflicto, crítica, dureza, y que te generó una necesidad interna de ser complaciente. O esa obsesión por tener el control que nació el día que tu niño no pudo controlar una situación que lo rebasaba, y hoy le impide a tu adulto disfrutar de los pequeños detalles de la vida por sentir que nunca nada es suficiente. Puede tratarse de esa voz interna que hoy te compara, te juzga y te hace profundamente competitivo. Una voz interna que nació en tu niño criticado, comparado, que se sentía insuficiente. Sin embargo, solo tu yo adulto que tiene baja autoestima y lucha con pensamientos de rechazo por no querer ser quien es, puede decirle a ese pequeño niño que fue humillado, abandonado, denigrado o descuidado que no se necesita convencer ni manipular a nadie para demostrar valor.

¿Qué diálogos tendrías hoy con tu "yo niño"?

¿Qué lugares y momentos de tu infancia que tu mente había bloqueado para protegerte tendrías que visitar?

Respira profundamente...

Ahora, es momento de abrazar a tu niño fuertemente, mirarlo a los ojos y decirle con confianza: "Hey, nada de lo que pasó fue tu culpa, hiciste lo mejor que pudiste, es tiempo de soltar, de desatarte; si es necesario llora, las lágrimas sanan, pero no salgamos de aquí sin sostener esta conversación incómoda para que podamos caminar en una verdadera libertad".

Respira profundamente... hazlo varias veces y renuncia a ese sentimiento de tristeza, impotencia o enojo mientras exhalas.

Recuérdale a tu niño que por momentos tuvo dudas, que desde siempre ha sido profundamente amado y aceptado por su Creador.

Finalmente, pídele al Espíritu de Dios un soplo de vida que traiga sanidad a las fibras más profundas de tu ser.

Recíbelo, está pasando...

Activa tu fe y usa tu creatividad para conectar con el mundo espiritual, es más fácil de lo que parece.

Dios está en medio de esto, quiere sanarte, y puede hacerlo con un solo toque de su amor.

> *Y he aquí una mujer enferma de flujo de sangre desde hacía doce años, se le acercó por detrás y tocó el borde de su manto; porque decía dentro de sí: Si tocare solamente su manto, seré salva. Pero Jesús, volviéndose y mirándola, dijo: Ten ánimo, hija; tu fe te ha salvado. Y la mujer fue salva desde aquella hora.* Mateo 9:20-22 (RVR-60)

Cierra esta etapa contándole a tu niño cómo sí se cumplieron muchos de sus sueños, y prométele que vas a seguir soñando.

Respira profundamente…

Ahora trata de verte cuando eras adolescente, y al igual que con tu niño ¡ve por una foto de esa época!

Intenta recordar cómo te sentías invencible, pero a la vez inmensamente incomprendido.

¡Cuánta vergüenza, enojo y frustración sentimos en esa etapa!

¿Te acuerdas cuando te mirabas al espejo y no te gustaba lo que veías? ¿Recuerdas cuando querías ser como alguien más?

¡Qué nivel de ansiedad nos generaba la comparación!

Y ni hablar del primer desamor.

¿Recuerdas cómo canalizaste esas emociones?

¿Quién estuvo ahí para escucharte?

¿Te sentías sola/o?

Ahora abraza a tu adolescente, abraza a esa jovencita o a ese muchacho que no necesitaba ser cuestionado sino aceptado, ese que necesitaba que todos supieran que lo que vivía solo era parte de una etapa.

Respira profundamente…

Intenta verbalizar las equivocaciones que tuviste en esa etapa y que hoy siguen haciendo ruido en tu cabeza.

Decide perdonarte y soltar.

____

____

____

____

____

Respira profundamente…

Ahora dirígete hacia esos increíbles momentos que vivió tu "yo adolescente"; los amigos con los que ibas a la escuela, aquellos con los que viajaste; trata de escuchar las risas, esas carcajadas que no paraban hasta que doliera el estómago; recuerda ese primer amor que pensaste que duraría toda la vida.

Y entonces, sumando lo bueno y lo malo, intenta ver a los ojos de tu "yo adolescente" y abrázalo, deja que te abrace fuertemente de regreso también, que llore su frustración y se despida.

Pero... ¡espera!

No te vayas de ahí sin antes tomar esa parte maravillosa de tu personalidad, ese pedazo de tu esencia que habías abandonado con tu "yo adolescente"

¿Ya lo tienes? Escríbelo para que no lo olvides y llévalo contigo.

____

____

____

____

____

Finalmente, cuéntale a tu adolescente cómo has madurado; explícale que no era tan malo crecer como pensaba, y que la vida de adulto también tiene su parte buena. Confiésale que aunque has luchado con tu imagen física por momentos, ya te aceptas, o estás en el proceso de hacerlo; dile que se va a equivocar, pero hazle saber que no pasa nada, que va a aprender y se hará fuerte

Respira profundamente…

Cada experiencia necesita ser aceptada. Cada persona que ha sido parte de tu pasado, incluso aquellos que pertenecen a tu pasado inmediato como maestros, jefes, amigos, familia, los estudios, el trabajo. También los amores, desamores, los excesos y las carencias, tus victorias y derrotas, las enfermedades y los tiempos de lucha, al igual que los tiempos de calma y alegrías. Todo aquello que has vivido necesita una dosis de *aceptación* y otra de *arrepentimiento,* necesita tu decisión de *soltar y perdonar,* pero con el respaldo y compañía del Espíritu de Dios, quien te dará las fuerzas para caminar en la sanidad. Solo así podremos dar a nuestras vidas ese toque de responsabilidad que cada ser humano necesita asumir para hacer de su pasado un buen maestro y no un terrible verdugo.

Queridos lectores, por favor, no olviden que ninguno de nosotros somos aquello que nuestras vivencias dicen que somos. El único que tiene la autoridad para definirnos es nuestro Creador, y Él no cambiaría el concepto que tiene de su creación más preciada a causa de nuestros actos.

A continuación quiero mostrarte algunas de las declaraciones que Dios ha hecho de ti en su Palabra. Este es el concepto de ti que necesitas creer.

> Eres un hijo de Dios creado a imagen y semejanza del Todopoderoso, salvado por el poder del sacrificio de Jesucristo y redimido a causa de su resurrección. Eres escogido, hay bendición sobre tu vida, has sido creado para ser cabeza y no cola, para ser prosperado en todas las cosas, eres fuerte y vencedor, aceptado, perdonado y libre de condenación. Eres la luz del mundo y sal de la tierra, tienes un propósito por cumplir.[1]

TU PASADO NO TIENE EL PODER DE DEFINIR TU PRESENTE Y MUCHO MENOS TU FUTURO, A MENOS QUE TÚ SE LO PERMITAS

> *Y sabemos que Dios hace que todas las cosas cooperen para el bien de quienes lo aman y son llamados según el propósito que Él tiene para ellos.* Romanos 8:28

1. Ver las referencias Bíblicas en el último capítulo.

8

SI YO HUBIERA...

Bronnie Ware, enfermera australiana experta en el cuidado de enfermos terminales y tratamientos paliativos, en su libro *The Top Five Regrets of The Dying* [Los cinco mayores remordimientos de los moribundos] publica una lista que describe los cinco arrepentimientos más comunes que tiene la gente al encontrarse en la etapa terminal de su vida.

Bronnie revela que dichas confesiones de añoranza, dolor y frustración por parte de sus pacientes ayudaron a transformar la forma cómo ve y vive la vida, y creo que leerlas puede ayudarnos transformar la nuestra también.

Estos lamentos de personas sin esperanza de vida que durante años Ware escuchó se parecen en cierto modo a las historias que he escuchado como consejera familiar durante los últimos veinte años. Solo que en mi caso estos lamentos han venido de personas que, a mi parecer, tienen la oportunidad de cambiar el rumbo de sus vidas. Sin embargo, algunas de ellas prefieren navegar en la culpa, y al ver que el camino hacia adelante es complicado, simplemente no cambian el rumbo.

A lo largo de este capítulo he recopilado siete "arrepentimientos", los cuales considero que deberíamos tener en cuenta. No se trata de desanimarnos o sentirnos culpables, sino de cuestionarnos sabiamente sobre los cambios que en la mayoría de los casos aún podemos hacer mientras haya vida para vivir… y con menos "Si yo hubiera…".

SIEMPRE ES SABIO APRENDER DE LA EXPERIENCIA AJENA

Los necios creen que su propio camino es el correcto, pero los sabios prestan atención a otros. Proverbios 12:15

1. "HUBIERA DEDICADO MENOS TIEMPO AL TRABAJO".

La mayoría de las personas en sus años invernales coinciden que haberle dedicado demasiado tiempo a su actividad laboral fue un gran error.

2. "NO HUBIERA DADO TANTA IMPORTANCIA A COSAS QUE EN REALIDAD NO LA TENÍAN".

Con el paso de la vida descubrimos que no siempre lo urgente era lo más importante, y que perdernos en los detalles externos de las relaciones y situaciones puede robarnos la belleza de su esencia.

3. "HUBIERA DISFRUTADO MÁS TODO".

La vida es el arte de saber navegar entre el amor, el trabajo, la espiritualidad, las amistades, la cultura y las aficiones. Enfocarnos en solo uno de estos elementos puede quitar a nuestras vidas el sentido de placer, disfrute y llenura. Detenernos a observar nuestro camino sin agendas rígidas hará que disfrutemos cada detalle de la vida más y mejor.

4. "HUBIERA HECHO LO QUE EN REALIDAD QUERÍA HACER EN LA VIDA".

Con el paso de los años he aprendido que la verdadera libertad no se vive haciendo lo que se te antoja hacer, eso solo te convierte en esclavo de tus equivocaciones y le roba tiempo a lo que en realidad estabas orgánicamente diseñado para disfrutar, prosperar y multiplicarte a lo largo de la vida. Y sí, el miedo a fracasar económicamente se ha patentado como el común denominador de los sueños abandonados, pero lo más curioso es que todos conocemos al menos a una persona que hace lo que ama hacer y en todo prospera.

Obsérvate de una vez por todas y sin miedo, de manera que vayas por aquello que siempre estuvo conectado a tu diseño original, que te apasiona y te hace bien. Ahí experimentarás la verdadera libertad de ser dueño de tu propia historia.

SE PAGA UN PRECIO MUY ALTO POR IR TRAS TUS SUEÑOS, PERO EL PRECIO QUE PAGAS POR RENUNCIAR A ELLOS ES INCALCULABLE

Nunca es demasiado tarde para ser lo que podrías haber sido.
—George Eliot

5. "HUBIERA CONECTADO MEJOR CON MI FAMILIA".

La vida corre tan rápido que detenernos a disfrutar a los nuestros se vuelve un asunto totalmente intencional. En los últimos años he escuchado a la gente presumiendo en sus redes sociales a su "familia escogida"; es decir, cada vez más se defiende la idea de que si su relación con un miembro de la familia natural no funciona, lo reemplazan por alguien que escogen de su círculo de amistad. Y aunque suena romántico y tentador, creo que esta idea hace parte de la deshumanización hacia la cual nos conducimos mientras alimentamos la creencia de que las relaciones son desechables y no hay necesidad de retarnos a restaurar, permanecer, sostenernos y aceptarnos los unos a los otros, en cuanto sea posible y sano hacerlo.

Cuidar y procurar el vínculo familiar es una terapia de sanidad interior, un curso de crecimiento personal y una inversión de amor incondicional. ¡Vale la pena!

Si es posible, y en cuanto dependa de ustedes, vivan en paz con todos. Romanos 12:18 (NVI)

6. "ME HUBIERA GUSTADO SER MÁS ESPIRITUAL".

La espiritualidad bien entendida nos otorga respuestas a las grandes interrogantes de la vida. La fe tiene el poder de sacarnos a flote en los momentos de crisis, provee esperanza al ayudarnos a vivir el dolor con sentido y nos empuja constantemente a hacernos las preguntas correctas sobre la vida.

Cuando anclamos nuestra fe en una relación personal con Dios, somos dotados con una sensación sobrenatural de paz y tranquilidad.

7. "HUBIERA VIVIDO MÁS INTENSAMENTE Y SIN MIEDO".

Contenernos para no amar, crear, reír, llorar o creer intensamente, nace del miedo a sufrir también intensamente, y ese miedo al sufrimiento brota de la falsa creencia en un Dios castigador. Necesitamos renovar nuestro concepto de Dios, porque vale la pena que la vida sea vivida y expresada con toda intensidad.

> *En esa clase de amor no hay temor, porque el amor perfecto expulsa todo temor. Si tenemos miedo es por temor al castigo, y esto muestra que no hemos experimentado plenamente el perfecto amor de Dios.* 1 Juan 4:18

9

RENOVARSE O MORIR

Llega un momento en la vida de las águilas en el que su propio cuerpo las sabotea. ¿Te suena familiar?

Alrededor de los 45 años de edad las plumas de estas icónicas aves pesan tanto que volar alto se vuelve cansado para ellas, su pico se encorva de tal manera que las hiere en el pecho, sus garras pierden fuerza y no les es fácil cazar y comer. Entonces, en ese momento de autoflagelo inconsciente saben que ha llegado la hora de emprender el único camino que tiene el potencial de salvarlas de la destrucción. Se retiran solas hacia un lugar alejado y tranquilo en el que abrazan un doloroso proceso que tardará aproximadamente 6 meses.

Una vez en ese lugar, la primera cosa que instintivamente saben que deben hacer es destrozar su pico mientras arrancan sus débiles garras; y así, sin mirar atrás, toman la difícil decisión de extraer una a una sus plumas quitando todo lo que les estorba, apostándole a la idea de que algo extraordinario pasará cuando eso termine.

Finalmente, al terminar ese lento y doloroso proceso, casi de manera milagrosa resurgen y es para vivir otros treinta maravillosos años.

> *En cambio, los que confían en el Señor encontrarán nuevas fuerzas; volarán alto, como con alas de águila. Correrán y no se cansarán; caminarán y no desmayarán.* Isaías 40:31

Ahora entiendo por qué desde siempre las águilas han sido consideradas como uno de los animales más majestuosos, poderosos y valientes sobre la tierra.

No importa que tan maravillosa o difícil sientas que ha sido tu vida hasta ahora, la naturaleza misma nos recuerda que siempre será importante renovarnos para renacer a una mejor versión de nosotros mismos. Esto ocurre cuando dedicamos tiempo para explorar hacia adentro, cosa que normalmente pasa alrededor de *la mitad de la vida*. Solo desde ese lugar de introspección, todo lo que está afuera se verá con mayor claridad.

Renovarse no significa remendar un viejo capítulo de nuestras vidas. En realidad significa arrancar lo viejo, eso que está caducado de nuestro carácter, eso que sigue pegado a nosotros, pero nos pesa. Entonces decidimos apostarle a una nueva esperanza de vida como lo hacen las águilas.

Renovarte es permitirle a tu espíritu volver a nacer para que gobierne una nueva naturaleza en ti, una cargada de nuevos propósitos, más valiente, más real y divina.

Jesús le respondió: Te digo la verdad, a menos que nazcas de nuevo, no puedes ver el reino de Dios. Juan 3:3

Vístanse con la nueva naturaleza y se renovarán a medida que aprendan a conocer a su Creador y se parezcan más a él.
Colosenses 3:10

> Hagamos esta declaración juntos y coloca tu nombre:
>
> Yo ______________________ decido renovarme, determino dejar mi pasado atrás, abandonar mi vieja naturaleza y extenderme a lo que está adelante.

VIVE EL PROCESO

Una vez que la decisión de renovar tu espíritu ha sido tomada. Sugiero que dediques un tiempo especial para ti, para observarte con detenimiento y replantear tu vida. Para esto quiero proponerte cuatro maravillosas herramientas de las cuales me he valido durante mi proceso de renovación.

1. *Escribe*. Está comprobado científicamente que cuando escribimos a mano acerca de alguna situación conflictiva que estemos enfrentando, en nuestro cerebro se aclaran las ideas; es decir, el solo hecho de elegir escribir nuestros problemas a mano nos pone frente al 50 % de la solución.

¿Por qué ocurre esto?

Resulta que cuando escribimos a mano, en realidad estamos dibujando letras, y al dibujarlas nuestros pensamientos se traducen a *formas*, lo que genera una especie de codificación en algunas zonas del cerebro que son las encargadas de la sanidad emocional al tener claridad en los conceptos.

El lóbulo frontal de nuestro cerebro contiene la memoria y el pensamiento creativo, y nos da la capacidad de planificar y organizar. Así que escribir a mano activa ayuda a ponerle punto final a la distracción y por consiguiente a la procrastinación.

Ahora que sabes las bondades de escribir, usa estas líneas para darle estructura a esas situaciones conflictivas en tu vida.

____

____

____

____

____

2. *Establece prioridades.* Sé que el paso de los años y la edad modifican muchas cosas, pero si pudiera quedarme con una sola cosa que pudiera modificar constantemente sería mis prioridades. Hay cosas que la juventud no nos permite valorar, pero ahora que rondamos *la mitad de nuestras vidas* es un buen momento para entender que *el tiempo, la salud física, mental y espiritual* son verdaderas prioridades que debemos cuidar el resto de nuestro tiempo de vida.

El *tiempo* es uno de los recursos más valiosos ya que posee dos características que lo hacen cada vez más relevante a la hora de replantear la vida: es limitado y no es renovable. Cada minuto, cada hora, cada fracción de nuestro tiempo puede marcar una clara diferencia en nuestra vida.

La *salud* es una prioridad cuando queremos que nuestra vida logre tener significado. Todos conocemos personas influyentes que iban en ruta hacia cambiar el mundo y fueron silenciados por una enfermedad ya sea física, mental o espiritual. Un cuerpo saludable nos permite tener bienestar emocional; una mente saludable genera que el cuerpo funcione de mejor manera; y un espíritu saludable provee el aliento, la fortaleza interna y la ayuda sobrenatural que necesitan el cuerpo y la mente para enfrentar el día a día.

La vida de nadie mejora por un destello de casualidad, a no ser que ocurra una intervención divina, de lo cual también soy testigo. Pero la vida de todos mejora cuando hacemos cambios tangibles, ese es el precio que todos debemos pagar, un precio que puede incluir renunciar a hábitos destructivos, abandonar relaciones tóxicas, podar proyectos que no dieron fruto, soltar creencias limitantes o establecer nuevas y mejores rutinas; en fin, tú decides el precio que quieres pagar por una buena salud que te permita vivir con calidad.

3. *Vuelve a Soñar.* Como lo dije anteriormente, la infancia suele ser llamada "la primavera de la vida", y me imagino que es porque durante esta etapa nuestro cerebro no solo se desarrolla sino que también florece. Los expertos prometen que en medio de esos primeros años nuestra capacidad creativa alcanzará los niveles más altos que tendrá durante toda la vida.

Generamos tantos recuerdos duraderos y significativos en los primeros años, que regresar a ellos durante la adultez tiene el poder de cambiar nuestro estado de ánimo, para bien o para mal.

Amigo lector, fuimos creados con la capacidad sobrenatural de soñar despiertos y dormir soñando. Probablemente no lo habías hecho consciente, pero muchos de tus sueños infantiles sí se cumplieron, quizá no todos, y tampoco exactamente como fueron soñados, pero cada anhelo alcanzado supone un claro destello de esa capacidad profética con la que fuimos creados.

> *En los últimos días —dice Dios—, derramaré mi Espíritu sobre toda la gente. Sus hijos e hijas profetizarán. Sus jóvenes tendrán visiones, y sus ancianos tendrán sueños.*
>
> Hechos 2:17

Soñé con ser doctora, actriz y bióloga marina, esto último tal vez porque entrenaba natación casi todos los días y me encantaba la sensación de silencio y soledad que me invadía al estar bajo el agua y escuchar solo mi respiración con uno que otro ruido acuático. Actriz, tal vez porque en cuanto salía del agua se conectaba dentro de mí esa chispa que contrastaba con mi parte solitaria, ese ingenio que me hacía graciosamente espontánea; nada me daba pena, y era yo quien hacía reír a la clase completa con mis ocurrencias, siempre buscando atenuar los ambientes difíciles, ayudando a otros y creando cada día en mis juegos alguna realidad que imaginaba.

Imaginé que mi vestido de novia sería la copia de ese hermoso diseño que tenía mi Barbie Primavera con la que jugué por años, ¡una verdadera obra de arte!

Soñé casarme con un amoroso hombre con quien estaba segura de que compartiría la vida recorriendo el mundo. Imaginé que veríamos correr a nuestros pequeños hijos por la playa mientras jugaban a la pelota. En algún momento de mi adolescencia quise también trabajar como modelo de pasarela o conducir un programa de televisión, creía que eso me daría la oportunidad de viajar y ganar dinero conociendo gente; y aunque nunca fue mi ideal una vida de lujos, sí me permití soñar con una casa con piscina, la cual —aseguraba— usaría todos los días sin parar.

> *Jesús dijo: «Dejen que los niños vengan a mí; no se lo impidan, porque el reino de los cielos es de quienes son como ellos».* Mateo 19:14 (NVI)

No fui bióloga marina; pero sí estudié microbiología industrial, he sido modelo y actriz por más de 20 años y es hasta hoy la forma para ganarme la vida. Sigue sin darme pena casi nada, y en muchas ocasiones dicen que soy quien alegra la mesa o saca un chiste local entre amigas. Mi vestido de novia, aunque le faltaron olanes, estuvo hermoso, y estoy segura de que habría cumplido con las expectativas de mi Barbie Primavera.

Me casé, sí, llegué al altar con un pequeño hijo acompañándome. Y no... no lo soñé así, y hasta cierto punto fue algo por lo que me sentí mal por un largo tiempo, pero te diré que sin saberlo, el día de mi boda me convertía en una señal de esperanza para muchas madres solteras amigas y conocidas que anhelaban rehacer sus vidas a pesar de haber tropezado con sus sueños. Y sí... sí hemos viajado juntos, unas veces por gusto y otras más por trabajo, pero he conocido más de lo que cualquier niña provinciana hubiera podido soñar.

Tuve tres bebés que no, no fueron como mi muñeco Nenuco que nunca crecía y me brindaba días enteros de diversión y entretenimiento. Como era de esperarse, mis hijos están creciendo, y aunque no soñé esa parte, hoy ya casi son adolescentes, cada día más independientes de mí. Y aunque eso deja un hueco en el alma, demuestra que como padres hemos hecho una buena labor.

En cuanto a si tuve mi casa con piscina, la respuesta es sí. Aunque estuvo como laguna la mitad del tiempo y no la usé ni el 10 % de lo que soñé hacerlo. Eso es una clara muestra de que las expectativas en la vida son inútiles.

He tenido dinero en mi cuenta y también caminé calles enteras buscando una moneda para poder subirme a un autobús, y en momentos así me doy cuenta que la vida nos quiere enseñar algo con cada prueba que pasamos si le damos lugar a la reflexión.

> *He aprendido a estar satisfecho en cualquier situación en que me encuentre. Sé lo que es vivir en la pobreza y lo que es vivir en la abundancia. He aprendido a vivir en todas y cada una de las circunstancias, tanto a quedar saciado como a pasar hambre, a tener de sobra como a sufrir escasez. Todo lo puedo en Cristo que me fortalece.*
>
> Filipenses 4:11-13 (NVI)

NO LE HAGAS CASO A TU MENTE CUANDO TE DIGA QUE YA NO HAY TIEMPO, VUELVE A SOÑAR

Escribe para que encuentres claridad y puedas pensar mejor; atiende tus *prioridades* para que tus esfuerzos lleguen a buen puerto; y *sueña*, pero sueña en grande, disfruta tu viaje a lo alto de la montaña como lo hace el águila que decide renovarse para no morir a destiempo.

10

SALUD MENTAL

En los últimos años se habla mucho sobre salud mental, es un tema que ha prendido focos de atención en los hogares, oficinas, escuelas, comunidades, asociaciones e iglesias. Y es que en relación con el estudio de la mente, las emociones y el comportamiento, ya no estamos en el lugar de ignorancia en el que nos encontrábamos cuando probablemente tú y yo éramos niños, pero tampoco hemos llegado al lugar ideal.

Estamos en el proceso.

En lo personal, como creyente, el tema de la salud mental hasta hace poco despertaba argumentos que separaban dos de las grandes prioridades de la vida: Dios y la salud integral. Pero escuchar que los más grandes profetas y hombres de Dios, e inclusive que el mismo Jesús había puesto especial atención en el cuidado de su salud mental durante su estadía en la tierra, hizo que mi hambre por aprender se revolucionara y caminara en busca de cada biografía plasmada en los textos bíblicos que revelara si esto era verdad.

Leyendo las Escrituras me di cuenta de qué hay más de salud mental en la Biblia de lo que pensamos, y que además aquello que el Creador planteó para nosotros como parte de una rutina que promueve el cuidado de la mente se parece mucho a eso que hoy ha descubierto la ciencia para promover una mente saludable.

A continuación quisiera compartir contigo esos 8 hábitos que Dios y la ciencia nos animan a practicar:

1. UNA ALIMENTACIÓN SALUDABLE

La alimentación en los tiempos bíblicos muestra la importancia de ingerir los alimentos en su estado más natural: frutas, verduras, leguminosas, granos enteros, pescado y aceites naturales, alimentos que curiosamente los expertos recomiendan hoy como grandes aliados del equilibrio mental y el estado de ánimo, por contener Omega-3, Vitamina E, C, D, complejo B, zinc y magnesio. Además, libros como Génesis y Deuteronomio instruyen específicamente sobre la forma correcta de combinarlos.

2. TIEMPO A SOLAS

Jesús sabía que era necesario apartarse de lugares concurridos por momentos. No lo hacía porque no amara a la gente, porque se sintiera mal o no tuviera habilidades sociales, lo hacía como parte de una rutina sana; anhelaba el silencio, calmar su mente y orar. El mismo Dios nos ha enseñado a disfrutar nuestra soledad al mostrarnos que apartarnos no debe tener una connotación negativa ni tiene que ser algo que los demás deciden por ti.

> *Pero su fama se extendía más y más; y se reunía mucha gente para oírle, y para que les sanase de sus enfermedades. Mas él se apartaba a lugares desiertos, y oraba.*
>
> Lucas 5:15-16 (RVR-60)

Cada vez existe más información médica que avala la idea de aprender a disfrutar el silencio y la soledad, huir del ruido social y escapar del bombardeo digital para cuidar el buen estado mental.

3. SER AGRADECIDO

El agradecimiento es clave en la búsqueda de la felicidad y la estabilidad mental, Jesús, aun siendo Dios, dio gracias por cada cosa que recibió, cada experiencia que vivió, cada prueba que enfrentó, cada día que vivió. Era un hombre agradecido. Dios le dio tal importancia al hecho de agradecer que en cada milagro de multiplicación que aparece registrado en los textos Bíblicos, Jesús tomó lo poco que tenía en sus manos, miró al cielo, dio gracias y ocurrió el milagro.

> *Y mandó a la gente que se sentara en el pasto, tomó los cinco panes y los dos pescados, miró al cielo y dio gracias a Dios. Después partió el pan y les dio los pedazos de pan a sus seguidores y ellos se los repartieron a toda la gente.*
>
> Mateo 14:19 (PDT)

En la actualidad, una de las herramientas más recomendadas por los psicólogos, en medio de procesos de depresión, consiste en animar a sus pacientes a llevar un "diario de gratitud", un escrito que reúne las razones por las que te sientes agradecido en tu día a día. Se ha comprobado que esta herramienta permite a las personas centrar sus pensamientos en los factores positivos de su vida, generando una sensación real y duradera de felicidad.

4. DORMIR BIEN

Jesús sabe que el buen dormir es importante, incluso en medio de los momentos de crisis. Cada vez existe una mayor evidencia científica que avala que el sueño nocturno de buena calidad mejora el aprendizaje y la capacidad de resolución de problemas.

> *Pronto se desató una tormenta feroz y olas violentas entraban en la barca, la cual empezó a llenarse de agua. Jesús estaba dormido en la parte posterior de la barca, con la cabeza recostada en una almohada. Los discípulos lo despertaron: «¡Maestro! ¿No te importa que nos ahoguemos?», gritaron. Cuando Jesús se despertó, reprendió al viento y dijo a las olas:* «¡Silencio! ¡Cálmense!». Marcos 4:37-39

5. MEDITAR

La idea de meditar fue totalmente inspirada por Dios, la palabra meditación proviene del latín *meditatio*, y significa acción y efecto de pensar antes de actuar. A lo largo de las Escrituras hemos sido constantemente invitados a meditar.

> *Estudia constantemente este libro de instrucción. Medita en él de día y de noche para asegurarte de obedecer todo lo que allí está escrito. Solamente entonces prosperarás y te irá bien en todo lo que hagas.* Josué 1:8

Existen diferencias doctrinales a la hora de hablar de meditación. La meditación de tipo oriental es un viaje hacia el interior que busca desconectar y vaciar tu mente para que al final del camino te encuentres contigo mismo en tu silencio y tu soledad; la búsqueda es hacia perderte y fusionarte con el cosmos impersonal. Mientras que la *meditación **bíblica***, por el contrario, plantea un viaje a lo sublime, en busca de conectar con el Espíritu de Dios para llenar tu mente de Cristo, una fuente segura de descanso y de gozo. La búsqueda te direcciona para que te abandones en el poder de un Dios personal que llena y trae claridad a los vacíos de la mente.

6. HABLAR TE SANA

Jesús buscaba constantemente el consejo de su Padre. Hablar con Dios y buscar su consejo nos aporta la mayor, más confiable, constante y eterna fuente de sabiduría y de paz. Recuerda que lo que es importante para ti es importante para Dios, y siempre hallarás un buen consejo en su Palabra.

> *Entonces Jesús explicó:* «Les digo la verdad, el Hijo no puede hacer nada por su propia cuenta; solo hace lo que ve que el Padre hace. Todo lo que hace el Padre, también lo hace el Hijo. Juan 5:19

Decidir hablar es decidir sanar; disponerse a hablar con personas que aporten valor a tu experiencia de vida es un consejo muy recurrente en la Biblia y usado en consultas terapéuticas.

> *Los planes fracasan por falta de consejo; muchos consejeros traen éxito.* Proverbios 15:22

7. PERDONAR

Tomar la decisión de perdonar y soltar los errores propios y ajenos de la vida es un hábito que favorece la salud mental. Decidir hacer de esta práctica un hábito (no porque se sienta necesariamente, ni porque nuestros agresores lo merezcan) regala a nuestro cuerpo una de las experiencias más liberadoras que existen. Cuando la falta de perdón se instala en el corazón, hay algo en nuestro interior que se amarga y lastima nuestra alma poco a poco mientras afecta nuestra salud. A esto se le llama *amargura*, y la Biblia lo describe maravillosamente.

> *Cuídense unos a otros, para que ninguno de ustedes deje de recibir la gracia de Dios. Tengan cuidado de que no brote ninguna raíz venenosa de amargura, la cual los trastorne a ustedes y envenene a muchos.* Hebreos 12:15

8. AYUNAR

El ayuno y la oración son prácticas tan importantes que Jesús las promovía como parte de una búsqueda espiritual de conexión y poder. Cuando ayunamos nuestros deseos carnales se ven afectados al no recibir alimento físico, y el espíritu se favorece al recibir únicamente alimento espiritual. Ayunar nos hace más sensibles a la voz de Dios.

> *Pero esta clase de demonios no sale sino con oración y ayuno.* Mateo 17:21 (RVR1977)

Además, como parte de una disciplina física, el ayuno impacta significativamente en la salud mental, los niveles de energía, la longevidad, y se usa de apoyo en el tratamiento de muchas enfermedades.

Amigo lector, una vida espiritual sana debe reconocer que la salud mental necesita atención y práctica.

11

FORTALEZAS Y DEBILIDADES

En nuestra sociedad está más aceptado criticar que halagar. Hablar mal de nosotros mismos nos coloca en un lugar de "humildad" que genera una especie de comodidad para los que nos escuchan, mientras que nombrar nuestros atributos nos cataloga como arrogantes y orgullosos.

Esta creencia es basura, no sirve, y no podemos traerla a *la otra mitad de la vida*. Por eso tomaremos un capítulo entero para hablar tanto de nuestras fortalezas como de nuestras debilidades, así como también de nuestras áreas de oportunidad.

Dice mi mamá que desde muy pequeña mostré amor por mi independencia. Al ser la menor de cuatro hermanos era difícil encontrar mi lugar, pero me esforcé por hacerlo y lo logré.

El baño de visitas de mi casa dejó de ser para los invitados y se convirtió en mi lugar de juego, tenía muchos otros espacios "normales" en la casa, pero ese tal vez representaba un reto, y me daba la oportunidad de tener mi propio espacio, nadie podía entrar a mi lugar secreto, lo que me vislumbraba como una mujer independiente y con un carácter determinante.

Desde muy pequeña empecé a entrenar para el equipo de natación de mi colegio. Todavía recuerdo cuando salía de puntitas de mi casa todas las mañanas muy temprano para irme a los entrenamientos; con lluvia o con sol, con ganas o sin ellas, pero yo llegaba. Así descubrí otra de las fortalezas que la rutina y las ganas construyeron en mí: constancia y disciplina.

Hoy me doy cuenta de que cada una de estas virtudes que se hicieron notar a tan corta edad han hecho la gran diferencia en el cumplimiento de mi propósito.

Por otro lado, y paralelo a la virtud, mi papá me llamaba "Tote" (explosivo pequeño de pólvora que estalla con solo dejarlo caer). Según él, yo tenía un "genio volado" como dicen en mi país (se refiere a que yo era explosiva). Mi mamá avalaba ese pensamiento diciéndome que tenía los ojos más verdes cuando me enojaba, y según ella esto pasaba seguido.

He disfrazado muchas veces a la necedad con un atuendo de empoderamiento, cosa que me ha llevado a lastimar y errar más de lo que hubiera querido.

Amigo lector, así de simple se reconoce lo bueno y lo malo de nosotros, sin miedo y sin juicio. Resulta importante tratar de identificar esas virtudes y debilidades que se han dejado ver desde los años más tiernos, ya que ahí podemos encontrar lo más genuino y verdadero de cada uno de nosotros, nuestra esencia.

En el camino iremos descubriendo, afinando y aprendiendo muchas otras virtudes, al tiempo que eliminamos también uno que otro defecto. Tal humanidad es la que mantiene nuestra mira en el trabajo personal y dependencia espiritual.

TRABAJO PERSONAL

El trabajo personal debiera ser una asignatura obligada en las escuelas. Ocuparnos de los achaques de la mente, del crecimiento del espíritu, de llenar los tanques emocionales de nuestra alma y prestar atención en el cuidado de nuestro cuerpo es fundamental. También es muy importante hacerlo con equilibrio, nunca atendiendo un área más que la otra, ni abandonando una por atender la otra, como lo hace el conductor de un carro con sus cuatro llantas si quiere que este funcione bien.

Todas las áreas de nuestra vida son importantes y hay que atenderlas.

Uno de los indicadores más claros de que nos falta trabajo personal es cuando nos irritamos y ofendemos con bastante facilidad. No soportamos que alguien toque temas delicados, y manipulamos por medio del enojo para finalmente dejar de ser enseñables. Ese es, definitivamente, el cáncer del carácter.

Aprendamos a identificar la luz amarilla que indica que nuestros tanques emocionales y espirituales están vacíos y nos estamos debilitando. Es ahí donde irremediablemente terminaremos fallándonos más seguido y de forma más profunda.

Cuando escucho a la gente en *la otra mitad de su vida,* y más allá, justificando su falta de crecimiento con los errores o carencias que vivieron en su infancia como si hubieran ocurrido ayer, me pregunto: ¿acaso no hemos tenido mínimo veinte años para ocuparnos en sanar? ¿Se vale apapachar el dolor y justificar la falta de trabajo personal con los errores (a veces muy dolorosos) cometidos en el núcleo familiar?

VAMOS A LA PRÁCTICA

Te invito a que te tomes un tiempo para escribir esas grandes fortalezas de tu carácter y que has mantenido hasta el día de hoy, aquellas que te hacen ser una buena persona.

Escribe cosas reales y tangibles.

FORTALEZAS

1. ______________________________
2. ______________________________
3. ______________________________
4. ______________________________
5. ______________________________

Ahora piensa (sin justificarte) en tus debilidades de carácter, esas áreas en las que sabes que es necesario trabajar, esos clavos que mantienen una o varias de tus llantas en constantes problemas. Por lo regular son actitudes que constantemente te señalan las personas que te rodean.

A veces los ajenos nos describen con mayor claridad.

	DEBILIDADES	CÓMO MEJORAR
1.	______________	______________
2.	______________	______________
3.	______________	______________
4.	______________	______________
5.	______________	______________

Ya identificadas estas debilidades, piensa al menos en dos herramientas con las que crees que podrías mejorar en cada una de ellas.

Por ejemplo, he descubierto que soy intolerante a la impuntualidad, me desespera que me hagan esperar por un tema de desorden, entonces:

Mi Fortaleza:	Estructura y puntualidad
Debilidad:	Intolerancia / enojo
Cómo mejorar:	Voy a anticiparme a los tiempos de espera con algo para hacer.

Le haré saber con claridad al otro mis expectativas acerca de los tiempos.

Así ha sido más fácil lidiar con esas situaciones que sacan al "Tote" de mí y lo hacen explotar.

Sé que el tema de ser explosivo y la ira es más común de lo que quisiéramos, por esto es importante que sepas que cualquier buena intención que tengas de mejorar debe ir muy de la mano con un proceso de sanidad interior, pues si el alma está herida, la mente obedece a lo aprendido.

SIN SANIDAD INTERIOR NO HAY VERDADERO CRECIMIENTO

Una vez sanada la herida, puedes aplicar estrategias puntuales para manejar las situaciones que generalmente te provocan enojo:

- Evita discutir cuando estés en medio de la emoción del enojo.
- Vence la tentación de sentirte mal por decir cosas que te protejan de caer en lugares de oscuridad, lugares en los que no quieres estar. Me refiero a cosas como "ahora no es un buen momento para hablar" o "necesito tiempo".
- Decide apartarte de las situaciones de caos, pon una distancia crítica por unos minutos mientras respiras y te calmas.
- Busca ayuda profesional. Nuestra generación no debería tener excusas de tiempo ni de dinero para aprender sobre crecimiento personal. Si así lo queremos, en cualquier momento del día tenemos disponibles decenas de herramientas digitales o presenciales para trabajar en nuestro interior.
- Ejerce tu autoridad. Es importante saber que hay una batalla espiritual que se pelea adentro y alrededor nuestro, y que podemos ejercer sobre esta la autoridad que tenemos como hijos de Dios. Eso quiere decir que debemos decidir echar fuera de nuestra vida todo espíritu (en este caso de ira) que quiera controlarnos. Es un arma espiritual sencilla y asombrosamente efectiva.

Sin duda, a estas alturas del camino la vida te ha mostrado con claridad que existe un mundo espiritual y que es tan real como tú y como yo lo somos en este momento. Ese mundo influye en nuestras vidas de maneras tangibles.

CONOCER TU PODER TE DARÁ LIBERTAD Y TODOS LOS QUE CREEMOS EN JESÚS TENEMOS PODER EN ÉL

Estas señales milagrosas acompañarán a los que creen: expulsarán demonios en mi nombre. Marcos 16:17

Les aseguro que todo lo que ustedes aten en la tierra quedará atado en el cielo y todo lo que desaten en la tierra quedará desatado en el cielo. Mateo 18:18 (NVI)

Estimado lector, cuando tú y yo no estamos peleando las batallas para las que nacimos, probablemente nos descubramos distraídos y ocupados lidiando con problemas para los que no tenemos gracia, y que sin duda ocuparán el tiempo que se nos ha predestinado para luchar las batallas correctas.

No luches solo ni en tus propias fuerzas mientras tienes poder sobrenatural disponible.

Cada vez él me dijo: «Mi gracia es todo lo que necesitas; mi poder actúa mejor en la debilidad». Así que ahora me alegra jactarme de mis debilidades, para que el poder de Cristo pueda actuar a través de mí. 2 Corintios 12:9

12

LÍMITES: DEFINE TUS SÍES Y TUS NOES

La mayoría de nuestros problemas surgen por decir "sí" demasiado rápido y "no" demasiado tarde, pero los asuntos más complejos de resolver en el camino surgen por no saber ni siquiera *cuáles son los síes y los noes de tu vida.*

Antes de casarme, cuando empecé a contemplar la idea de tener una vida en pareja, comencé a meterle velocidad a mis procesos de crecimiento personal. Sabía que si esperaba al "hombre ideal", lo más sensato sería que yo también trabajará para ser una "mujer ideal", o al menos estuviera en el proceso de serlo; entendiendo por "ideal", una mujer integral y sana emocionalmente, lista para compartir mi felicidad con alguien.

Una de las primeras listas que hice visibles en mi cuarto fue la lista de mis síes y mis noes. Un espacio en el que de manera sencilla escribí esas cosas que eran negociables para mí y aquellas que definitivamente no lo eran en una relación de pareja. Al contrario de lo que pensé, fue más fácil empezar con mis noes (eso que no era negociable para mí). Escribir aquello que sí quería en una relación fue más complicado, ya que a veces rayaba en el amor idílico que nos ha vendido Hollywood.

Fue sencillo saber lo que no quería permitir en una relación, ya que nació de la experiencia propia y ajena de parejas que rodearon mi vida. Aprender a observar siempre será una buena idea.

Y sí, ¡creo que funcionó! Ninguna relación será perfecta, ni esto es garantía para el éxito, pero puedes reducir las probabilidades de fracaso teniendo un buen arranque.

Así, en cada cita tuve claridad sobre si ese romance escalaría o no a una segunda o tercera salida. Siempre fui fiel a mi famosa lista.

Llega un momento en la vida en el que sabemos que es necesario desafiarnos internamente a definir cuáles son esas cosas en las que creemos y aquellas a las que nos oponemos; y una vez que se tienen claras, el reto consiste en permanecer fiel a dichas convicciones, solo así lograremos eso que normalmente admiramos de las personas con carácter: saben decir "sí" sin miedo y "no" sin culpa.

Si estás alrededor de la "mitad de tu vida" notarás que uno empieza a cuestionarse de manera retadora, a incomodarse con cosas que antes pasabas por alto, y a sentir que quieres amar diferente aún a la misma persona. También disfrutas más de tu soledad, compartes tiempo con gente con quienes en realidad comparten estilos de vida y propósito; te empiezas a dar cuenta de que has cambiado y no te gustan las mismas cosas. En definitiva, comienzas a pensar más en ti sin sentirte egoísta.

No sé en qué temporada de la vida te encuentres, y probablemente sientas que ya es tarde para hacer tus "listas", pero... ¡no! Disponerte para escribir tus límites, como lo vimos anteriormente, pondrá orden tu mente y eventualmente tu vida; delineará tus días con mayor facilidad para evitar desbordarte en las curvas peligrosas de la vida.

Es importante que en este proceso de definir tus síes y tus noes puedas detenerte a tomar en cuenta esas cosas que ya has construido a tu alrededor y de las cuales eres responsable hoy, así establecerás límites saludables, justos y sin egoísmo.

Tu crecimiento personal y espiritual deberá ser algo no negociable. Créeme, está comprobado que las personas que practican e invierten tiempo y voluntad en estas áreas de la vida auguran éxito en todo lo demás.

Amigo lector, siempre ha sido importante renovar "mis listas" cada vez que veo que una temporada cambia en mi vida, y así lo recomiendo. Las relaciones de pareja se van transformando y será necesario buscar nuevos intereses o actividades que disfruten hacer juntos. El trabajo con los años deberá tomar solo el tiempo que le corresponde, sin permitirle convertirse en un afán o una válvula de escape. Los amigos y el entretenimiento también necesitarán tener un espacio reservado en tu lista, no te permitas robarles tiempo.

Probablemente con los años tendrás a más personas dependiendo de ti que cuando estabas más joven y deberás incluirlos. Los hijos (si los tienes) necesitarán una persona dueña de sí misma, sana, que les dedique tiempo, los sostenga y guíe. Y los padres, con la edad, nos requerirán más; pero ¡ojo!, espera a que esto realmente pase, no te anticipes a hacer cosas que no te corresponden ahora por sentir que es más fácil tomar responsabilidades ajenas que encargarte de tu propia vida.

No hay nada que genere más certidumbre, confianza y paz con respecto a una persona que saber que lo que dice creer está conectado con lo que hace. Solo teniendo ese nivel de transparencia en nuestros límites, la gente sabrá qué esperar de nosotros y seremos personas altamente confiables.

13

COMO PIENSAS, VIVES

Cada vez que tú y yo pensamos algo de manera recurrente, ocurre algo a nivel neuronal que tiene el potencial de dirigir nuestras conductas hacia donde dictan nuestros pensamientos. Te explico un poco cómo funciona.

Cuando un pensamiento llega a nuestra mente, esas neuronas que contienen información similar a dicho pensamiento se buscan para conectarse entre sí e intercambiar información. Imagina lo qué pasa cuando pensamos repetidas veces las mismas cosas, estamos creando una especie de red neuronal que se fortalece y alimenta de los mismos pensamientos y se convierte en un camino bien delineado que nos predispone a pensar siempre de la misma manera.

Pasa normalmente con el temor, todos en algún momento de nuestras vidas hemos sido presa de él, por lo tanto, cuando el miedo ya ha tejido un importante camino en nuestras mentes y enfrentamos cualquier situación, nuestro cerebro, que solo conoce una ruta para pensar acerca de tal evento y es de manera catastrófica, convierte poco a poco al temor en el lente con el que observamos lo que nos pasa en la vida, para eventualmente darle el poder de afectar nuestra realidad.

Es por lo que es tan difícil cambiar la forma en la que la gente piensa una vez que ya tiene caminos mentales tan marcados y fortalecidos. No es creencia, es ciencia.

La mayoría de nuestros más grandes temores en realidad nunca ocurrieron, pero sí frenaron muchos de nuestros sueños.

El reto está en debilitar dichas conexiones que formaron esos caminos mentales, esto ocurrirá cuando poco a poco dejemos de alimentarlos con más de esos pensamientos que los nutren, y empecemos a abrir nuevas rutas mentales por las cuales transitar cuando lleguen nuevos estímulos.

En lo personal, cuando un pensamiento negativo (una mentira) llega a mi mente, no solo intento desaparecerlo de ahí, sino que he aprendido que siempre será más fácil y práctico sustituirlo por un pensamiento positivo (una verdad).

Entendiendo que espiritualmente nuestro campo de batalla es la mente y el mal va a querer atacarla con mentiras, usar la verdad de Dios para sustituir las mentiras que nos invaden será un arma suficientemente poderosa para desviar cualquier "red neuronal".

Por ejemplo, si la mentira en tu mente es algo como:

- ➔ "Todo me sale mal"
- ➔ "No puedo hacerlo bien"
- ➔ "Seguro no lo voy a conseguir"

La verdad espiritual sumada al esfuerzo práctico será:

- ➔ "Todo lo puedo en Cristo que me fortalece" (ver Filipenses 4:13)
- ➔ "Ningún arma forjada en mi contra prosperará" (ver Isaías 54:17)
- ➔ "Dios prosperará todo lo que emprenda" (ver Deuteronomio 30:9)

¿Entiendes ahora la insistencia de Dios en cuanto a lo que debemos pensar?

> *Piensen en todo lo que es verdadero, en todo lo que merece respeto, en todo lo que es justo y bueno; piensen en todo lo que se reconoce como una virtud, y en todo lo que es agradable y merece ser alabado.* Filipenses 4:8 (TLA)

Nuestro Creador siempre ha sabido que los pensamientos repetidos tienen el potencial para crear hábitos, que los hábitos estructuran el carácter (la manera como eres y actúas), y que el carácter determina casi en su totalidad nuestro destino.

RETÉMONOS UN DÍA A LA VEZ A CREAR HÁBITOS DE PENSAMIENTO QUE NOS CONDUZCAN A MOLDEAR UN CARÁCTER FLEXIBLE Y RESILIENTE

El pensamiento condiciona la acción;
la acción determina el comportamiento.
—Aristóteles

14

TU VOZ SÍ IMPORTA

La mayoría de nosotros interactúa de forma verbal con su entorno por lo menos un 20 % de su día hábil, ya sea en la casa, la calle, el trabajo o la escuela. Pero hay un diálogo constante que todos tenemos y que ocupa el 90 % de nuestro día, y ese es el diálogo interno.

Tú eres la persona con la que más dialogas durante todo tu día. Eres la primera persona con quien hablas cuando despiertas y la última a la que le dices algo antes de conciliar el sueño.

TU VOZ INTERIOR

A lo largo de los años ocurre algo muy significativo en la mente de cada ser humano que impacta directamente su concepto personal.

Tu subconsciente funciona como una especie de grabadora interna que ha documentado todas aquellas voces de autoridad que te describieron, acusaron, criticaron, alabaron o defendieron desde la infancia. Y ahora, en la edad adulta, dicha grabadora reproduce todo este concepto que ha guardado sobre ti, repitiéndotelo de manera constante y definiendo de forma inconsciente el modo en como hoy te enfrentas los desafíos de la vida.

Tarde o temprano esas grabaciones se convierten en nuestra voz interior, y son un arma poderosa que marca cada cosa que hacemos o queremos hacer en la vida.

Por ejemplo, una persona con baja autoestima se siente constantemente fracasada aun antes de iniciar cualquier proyecto de vida, porque tiene una voz interior que la está condenando a no salir de ahí. Su grabación interna, que necesitaba haber estado llena de palabras de cariño y de aceptación para darle seguridad, fue una cinta saturada de crítica y desaprobación que le grita constante y fuertemente para hundirla cada vez que pretende salir de ahí:

No puedes

No eres suficiente

Estás solo

No te quieren

Nadie te entiende

Te va a ir mal

No va a funcionar

Tú no puedes cambiar

Ni tú ni yo podemos cambiar el pasado; lo que sí podemos decidir es quién y cómo nos habla en el presente.

Te voy a compartir mis tres infaltables reglas a la hora de reeducar mi voz interior para convertirla en mi gran aliada.

1. *Escucha la voz del Espíritu Santo.* Nadie puede grabar nada nuevo en un disco "rayado". Confiar en el poder del Espíritu Santo para obtener sanidad, consuelo y libertad ha sido uno de los grandes aciertos de mi vida. Dedicar un pequeño espacio en mi día a día para que Él hable de su amor y aceptación para mí, ha reiniciado poco a poco mi "disco duro" para saberme y sentirme de la manera que Dios dice que debo hacerlo. El Espíritu Santo puede cambiar tu voz interior. Dios nos ha dejado su presencia en esta tierra para que Él sea nuestro gran ayudador, consuelo y guía. Él será esa voz que te defienda, anime, abogue por ti, y te dé revelación espiritual mientras te llena de poder. El Espíritu Santo es la voz interior de Dios a tu disposición.

Y yo le pediré al Padre, y él les dará otro Abogado Defensor, quien estará con ustedes para siempre. Me refiero al Espíritu Santo, quien guía a toda la verdad. El mundo no puede recibirlo porque no lo busca ni lo reconoce; pero ustedes sí lo conocen, porque ahora él vive con ustedes y después estará en ustedes... él les enseñará todo y les recordará cada cosa que les he dicho. Juan 14:16-17, 26

ANÍMATE A INVITAR AL ESPÍRITU SANTO —EL ESPÍRITU DE DIOS MISMO— A VIVIR EN TI Y A SER TU NUEVA VOZ INTERIOR.

2. *Háblate bonito.* Para nadie es un secreto que la palabra hablada es uno de los instrumentos más útiles que tenemos para usar en todos los ámbitos de la vida. Las palabras son frecuencias naturales y espirituales, una frecuencia es un patrón de onda, un ciclo de energía que tiene un efecto a nivel energético o anímico en los cuerpos.

La música es un buen ejemplo para describir el poder de las palabras, pues al usar las frecuencias de sonidos indicadas algunas canciones parecen calarnos el alma para traernos tristeza, mientras que otras nos suben el ánimo aun cuando estemos pasando por un mal día.

La ciencia ha descubierto que las palabras que traen culpa y vergüenza son las que generan las frecuencias más bajas, es decir, nos llevan a lo más oscuro de nuestro ser, mientras que aquellas que generan paz, propósito y revelación son las que alcanzan los niveles de frecuencia más altos.

Piénsalo, hay palabras que te han avergonzado, condenado, anulado, herido, controlado; y hay otras que te han consolado, animado, afirmado, fortalecido y confrontado. Las palabras tienen poder, son armas y pueden elevar o derribar tu alma, por lo tanto, usar dicho poder para maldecir, es decir, hablar mal de nosotros mismos, es un abuso de poder.

TRÁTATE DE LA MANERA MÁS SAGRADA QUE PUEDAS, TU CUERPO ES UN TEMPLO Y TUS PALABRAS LO MOLDEAN.

Las palabras de la boca del sabio son llenas de gracia, mas los labios del necio causan su propia ruina.

Eclesiastés 10:12 (RVR-60)

El hombre bueno, del buen tesoro de su corazón saca lo bueno; y el hombre malo, del mal tesoro de su corazón saca lo malo; porque de la abundancia del corazón habla la boca.

Lucas 6:45 (RVR-60)

3. *Habla como oras.* Una vez alguien me dijo: "Carolina, Dios escucha tus oraciones, pero también está atento a tus conversaciones". ¿Cuántas veces te has descubierto orando por algo en específico y al abrir los ojos y tener la primera conversación tus comentarios son contrarios a eso que estabas pidiendo? Amigo lector, nuestras conversaciones, declaraciones y oraciones necesitan estar alineadas, porque todas nuestras palabras (tanto las que nos hablamos a nosotros mismos, las que hablamos a los demás, como las que hablamos con Dios) tienen poder creativo, y no prosperan si se tropiezan entre ellas.

Un necio se reconoce por su habla y un sabio por su silencio.

—Pitágoras

15

DIME CON QUIÉN ANDAS...

Si eres la persona más inteligente de la sala, estás en la sala equivocada.
—Confucio

Hace poco escuché a una terapeuta hablando acerca de la importancia de nuestro entorno y su influencia en una vida exitosa, y quiero compartirte esto que tuvo mucho sentido para mí. Ella proponía que cada uno de nosotros debería estar rodeado idealmente en un 33 % por personas que estén a tu mismo nivel, un 33 % de gente que necesite tu ayuda y un 33 % de individuos que te esté ayudando.

Esta declaración tiene mucho sentido, ya que, por ejemplo, si tu meta es crecer en el área financiera o intelectual y el 100 % de la gente de la que te rodeas está a tu mismo nivel en esa área, quiere decir que no habrá nada que te desafíe y no crecerás.

Por otro lado, si todo tu entorno está lleno de gente a la que te dedicas a ayudar, te vas a descubrir caminando en relaciones codependientes ya que internamente estás demostrando que te gusta sentirte necesitado y no prosperarás. Y si el 100 % de las personas que te rodean están por encima de tu nivel, tendrás que mantener tu vista tan arriba que terminarás deslumbrado y, por último, perderás el piso.

Debemos rodearnos de personas que nos reten a ser mejores, con quienes podamos sentirnos aliviados cuando afrontemos una batalla interna; personas que nos ayuden a sentirnos queridos y acompañados en las penumbras de la vida. Debemos rodearnos de gente que nos rete a disipar y enfrentar nuestros miedos, individuos en los que podamos confiar, de los que podamos aprender, pero también con quienes podamos gozar.

Es por esto, que hacer una evaluación periódica de nuestro círculo de amistades, por poco convencional que parezca, ¡es muy importante! La compañía que elegimos es fundamental para alcanzar nuestras metas.

El rey Salomón, conocido en los textos bíblicos como "el hombre más sabio que ha existido sobre la tierra", en el capítulo 6 de Proverbios nos otorga una lista de advertencias con respecto a esos rasgos que Dios detesta de las personas, y a los que es mejor no acercarse. Debemos tomarlo como tal a la hora de escoger nuestro círculo de amistades.

1. Aléjate de las personas mentirosas.
2. No convivas con los que hacen planes perversos.
3. Mantente lejos de aquellos de ojos altivos.
4. Huye de la gente que se apresura a hacer lo malo

5. No te involucres con el falso testigo que habla mentiras
6. Pon tu distancia con aquel que siembra discordia entre hermanos
7. No te involucres con los que derraman sangre inocente.

Sé sabia/o a la hora de escoger de quién te rodeas, porque nada tiene un efecto tan multiplicador como la compañía.

Las malas compañías corrompen las buenas costumbres.
1 Corintios 15:33 (NVI)

El que con sabios anda, sabio se vuelve.
Proverbios 13:20 (NVI)

PASA TIEMPO CON AMIGOS A LOS CUALES TE QUIERAS PARECER

16

PROPÓSITO

Vivir sin propósito es trabajar en vano, y cuestionarnos sobre "eso" para lo que fuimos creados debe ser un ejercicio constante. Creo fielmente en la idea de que cada uno de nosotros tiene una tarea, una misión especial para la que fue creado.

Imagino la vida como un gran rompecabezas, en el que cada una de las piezas comunica una verdad al mundo. Cuando una de las piezas falta, no importa qué tan bonita sea la figura final, con un espacio vacío, carece de algo importante.

De ninguna manera permitamos que tú o yo seamos esa pieza que falta, ese espacio vacío que no llegó al cumplimiento de su llamado. Quiero darte una buena razón para ello: cada propósito atiende un dolor o una necesidad de la sociedad, y es nuestra responsabilidad atenderlo. Tu propósito no necesariamente radica en lo que estás trabajando hoy, o eso para lo que eres extraordinariamente bueno, ni siquiera lo que te gusta hacer por pasión.

UN PROPÓSITO DEBE REUNIR TRES INGREDIENTES FUNDAMENTALES: HABILIDAD, PASIÓN Y RESPALDO DIVINO.

Quiero proponerte el siguiente ejercicio, lo hice hace algunos años y me ayudó a tener un poco más de claridad en este apasionante descubrimiento.

VAMOS A LA PRÁCTICA

A continuación escribe en la columna de la izquierda cinco cosas para las que eres orgánica y extraordinariamente buena/o. Es curioso, pero en ocasiones son cosas que los demás pueden ver con mayor facilidad que nosotros mismos. ¡Vale la pena preguntar!

Por otro lado, en la columna derecha nombra cinco actividades que te gusta hacer, que te apasionan, es decir, eso que podrías hacer por horas sin cansarte ni aburrirte.

Mis habilidades especiales/Mis pasiones

1. ______________________ ______________________
2. ______________________ ______________________
3. ______________________ ______________________
4. ______________________ ______________________
5. ______________________ ______________________

Luego, apunta solo aquellas opciones que crees que reúnen las dos características.

Tienes habilidades especiales y también te apasiona hacerlo:

1. ______________________________

2. ______________________________

3. ______________________________

Amigo lector, nuestro *propósito de vida* debe basarse o apoyarse en estos talentos natos que especialmente nos apasiona practicar, por lo tanto, todos nuestros esfuerzos de estudio y especialización deberían ir enfocados en ese mismo sentido para poder transmitirlo al mundo con efectividad. Por supuesto que hay cosas para las que orgánicamente nacimos; pero también habrá otras para las que iremos desarrollando aptitudes, y sin duda se irán sumando al cumplimiento de nuestro propósito.

> *El Señor cumplirá en mí su propósito. Tu gran amor, Señor, perdura para siempre; ¡no abandones la obra de tus manos!*
>
> Salmos 138:8 (NVI)

No existe viento favorable para quien no sabe a dónde va.

—Séneca

17

DEFINE TU ÉXITO

Escuchamos muchas cosas alrededor de la idea de éxito y la mayoría de ellas ligadas al dinero. Eso hace muy difícil no relacionar estos dos conceptos.

Pero para lograr definir nuestro propio concepto de éxito sin ideas preconcebidas es importante entender el significado de este tan afamado término.

La palabra éxito proviene del latín *exitus*, que significa final o término. El concepto se refiere al efecto o la consecuencia satisfactoria de una acción o proyecto. En muchos sentidos, expresa sobresalir o salir de la oscuridad del anonimato.

La visión del éxito que comparte Milan Kundera en su libro *La insoportable levedad del ser* me ha dado una base clara desde la cual he empezado a construir mi significado personal de ser una mujer exitosa, y te la quiero compartir.

Kundera dice que "todo aquello que no es consecuencia de una elección, no debe considerarse ni un éxito ni un fracaso".

Entonces, empecemos por preguntarnos: *¿elegimos nacer en el contexto económico en el que hemos nacido?*

Si la respuesta es "no", quiere decir que el nacer rico o pobre no te hace exitoso ni fracasado, porque esa realidad no fue elegida por ti. Por lo tanto, hablando específicamente de la parte económica (que anteriormente mencioné uno de los conceptos más arraigados a la idea de éxito), la única forma de obtenerlo de manera personal será a través de *la suma de las buenas decisiones que tomamos.*

Entonces, no existe tal cosa como "es que no me va bien porque yo no nací en tal o cual situación". Sin embargo, **sí** hay un precio a pagar para llegar a tu lugar de éxito. Pagar un precio, sin duda, implica tener que perder algo, y es en ese terreno en donde no todos están dispuestos a jugar y donde en realidad elegimos si queremos caminar hacia el éxito o hacia el fracaso.

¡Ojo! Cuando hablamos de perder para ganar, necesitamos siempre tener la vista puesta en nuestras prioridades, de este modo el precio que invertimos en ser exitosos no afectará aquellas áreas no negociables de nuestra vida.

Una vez que hemos sentado las bases de nuestro concepto personal de éxito, quiero animarte a considerar tres claves contenidas en Proverbios 24 acerca de cómo lograr el éxito y mantener una vida exitosa.

> *Una casa se edifica con* ***sabiduría*** *y se fortalece (afirma) por medio del* ***buen juicio*** *(prudencia). Mediante el* ***conocimiento*** *(ciencia) se llenan sus cuartos de toda clase de riquezas y objetos valiosos.*
>
> Proverbios 24:3-4 (énfasis añadido)

1. Sabiduría
2. Buen Juicio (entendimiento)
3. Conocimiento

Sabiduría　　Buen Juicio (entendimiento)　　Conocimiento

Piensa en la "casa" como ese proyecto de vida que estás empezando o construyendo. En esa primera etapa, buscar la *sabiduría* de Dios siempre será un acierto.

Sabiduría no es solo un concepto religioso, ser sabio es, entre otras cosas, tener el discernimiento para hacer lo correcto en el momento indicado.

Toda vez que has puesto los cimientos de tu proyecto de vida, el consejo de Dios es "sé *entendido, prudente* y *de buen juicio,* ve poco a poco, no quieras poner más peso del que tus bases puedan resistir, crece sin prisas, pero sin pausas.

Por último, la indicación es: prepárate; profundiza en el *conocimiento* de cada "habitación" y así podrás disfrutar de los beneficios extras, los "lujos" de la vida, la belleza de los detalles.

Una mirada integral de éxito debe permitirte vivir en equilibrio, paz y armonía con todas las áreas de tu vida; te animará a perseguir tus metas personales, laborales y económicas solo a un ritmo e intensidad que te permita disfrutar el trayecto.

La palabra equilibrio no necesariamente implica que cada una de las áreas de tu vida deben mantener siempre el mismo "peso" para estar niveladas, en ocasiones habrá áreas que necesiten menguar para que otras crezcan. Esto dependerá mucho del momento de vida por el que estemos transitando, el reto está en cuidar que el peso de la inversión no sea tan alto que la vida se vuelque en un solo sentido.

Una de las características prominentes que tienen las personas más exitosas es que no tienen miedo a cuestionarse y han aprendido a pedir consejo, pero también a recibirlo.

> *Sin liderazgo sabio, la nación se hunde; la seguridad está en tener muchos consejeros.* Proverbios 11:14

Advertencia

Cuando nos encontramos desesperados por conseguir cualquier cosa que anhelamos o que creemos merecer, las probabilidades de comprometer nuestros valores serán mucho mayores, el deseo ciega la capacidad de juzgar lo bueno y lo malo en nuestras vidas. Por favor, no pierdas de vista "los grandes arrepentimientos" del capítulo 8, *Si yo hubiera…*

18

ELIGE TU DIFICULTAD

Crecer como persona es difícil, vivir estancado es difícil. Elige tu dificultad.

Seguir a Dios es difícil, vivir sin Dios es difícil. Elige tu dificultad.

Hablar es difícil, no saber comunicar es difícil. Elige tu dificultad.

Cuidar tu salud es difícil, la enfermedad es difícil. Elige tu dificultad.

Trabajar es difícil, vivir endeudado es difícil. Elige tu dificultad.

El matrimonio es difícil, el divorcio es difícil. Elige tu dificultad.

> Tener hijos es difícil, no tenerlos es difícil. Elige tu dificultad.
>
> Tener buenos amigos es difícil, no tenerlos es difícil. Elige tu dificultad.
>
> La vida es por naturaleza retadora, siempre habrá aspectos difíciles de enfrentar, la diferencia la hace elegir sabiamente nuestra dificultad.

Un día leí algunas de estas frases mientras veía las redes sociales y realmente confrontaron mi forma de pensar. Hay tanta verdad en ellas que podríamos seguir la lista con todas y cada una de las situaciones de la vida.

Nada de lo bueno se da fácil, o por lo menos no se mantiene en el tiempo sin esfuerzo. Bajo esa premisa, las decisiones que tomamos estarán libres de falsas expectativas e irán reflejando la forma en la que queremos vivir cada día de nuestras vidas.

El gran paso que refleja madurez ocurre cuando empezamos a utilizar nuestros días para crear la vida que queremos, y no para escapar de la vida que tenemos. Por ninguna razón te permitas caminar con afán para escapar de lo que está sucediendo, ni quieras huir por la imposibilidad de conectar con el dolor que traen los retos de la vida.

A la vida se le afronta... ¡afrontándola!

EL GRAN PASO QUE REFLEJA MADUREZ OCURRE CUANDO EMPEZAMOS A UTILIZAR NUESTROS DÍAS PARA CREAR LA VIDA QUE QUEREMOS, Y NO PARA ESCAPAR DE LA VIDA QUE TENEMOS

A continuación quiero plantearte varios escenarios a los que orgánicamente podríamos enfrentarnos una vez que sentimos que "ya llegamos o que rondamos *la mitad de la vida*. Son solo algunos planteamientos que pueden ayudarte a preparar tu vida para saber "elegir tu dificultad" de la mejor forma y, por qué no, aprender a disfrutarla.

LA MONOTONÍA DEL AMOR TOCARÁ A LA PUERTA

Decide reenamorarte o, en todo caso, escoge bien tu copiloto de vida.

¿Sabías que las parejas con hijos pasan juntas solo un tercio del tiempo que pasaban antes de ser padres? Entonces, tal vez ahora que probablemente los hijos han crecido sea un buen momento para conquistar a tu pareja nuevamente.

Ahora, si eres soltera/o, entonces date tiempo para conocer nuevas personas, espacios para salir e iniciar una nueva amistad, vence la inercia que trae la monotonía y el miedo de recomenzar la vida, y atrévete a intentar eso que el temor al fracaso quiere robarte.

NECESITARÁS CONECTAR CON NUEVAS AMISTADES

Este es un buen momento para ampliar tu círculo de amigos; podrías empezar por reencontrarte con antiguos compañeros con quienes el paso del tiempo te hizo perder contacto, ¡siempre es divertido reconectar!

Por otro lado, tal vez hay grupos de personas con los que ya sabes que dejaste de encajar hace mucho tiempo y aun así sigues insistiendo frecuentar. La amistad es un acto totalmente voluntario, de empatía, pero también de momentos de vida, así que no te sientas mal por no conectar con las mismas personas en las diferentes etapas de tu vida, busca establecer conexiones con personas que estén en tu mismo momento de vida.

Te sugiero inscribirte a la clase que siempre quisiste intentar, aprender un nuevo idioma o aplicar para encontrar un empleo que te llene más.

BUSCAR CONTENERTE YA NO SERÁ UNA OPCIÓN

Por favor, elige esta dificultad. Hablar sobre tus sentimientos, tus miedos, tu proceso de duelo, cómo te sientes en tu relación con tu pareja, tus amigos u otros familiares, o "*coachear*" tu crecimiento personal ha sido importante siempre, pero cuando vamos creciendo será un "no negociable". Existen grupos y páginas en línea que pueden conectarte con personas que están atravesando lo mismo que tú. O buscar ayuda profesional siempre será una buena opción para comenzar cada nueva etapa en tu vida.

SERÁS TENTADO A PERDER EL CONTACTO

Independientemente de la etapa de vida que estés viviendo, habrá personas que por naturaleza se irán alejando de tu vida. Tus padres, tus hijos... Entonces, proponte establecer un día para verlos, no necesariamente tiene que ser de manera presencial, hoy existen muchas opciones de comunicación, mensajes, videollamadas, o qué mejor que de forma tradicional, vayan por un postre o un café o simplemente llama para saludarlos.

Sé consciente de que la comunicación, una vez que se sale del núcleo familiar, ya no será la misma, pero eso no quiere decir que tú hayas dejado de importarle a esas personas, ni que esas personas ya no sean importantes para ti. Cada vida tiene ocupaciones propias de su rutina que demandan atención y tiempo. No presionen, ni se hagan sentir culpables. Solo disfrútense en los momentos de conexión, sean muchos o pocos. Lo importante es no perder el contacto.

TRABAJAR SOLO POR DINERO NO TE LLENARÁ

El cumplimiento de tu propósito empezará a retumbar en tus oídos, ¡elige cumplirlo! Y si no lo has hecho, será un buen momento para ir enfocando tus esfuerzos hacia el lugar de tu propósito. Trabajar haciendo lo que te gusta y para lo que eres bueno siempre te dará la mejor paga.

TENDRÁS MÁS HORAS LIBRES

Una vez que te descubras teniendo demasiado tiempo libre, será un buen momento para hacer eso que siempre quisiste hacer y para lo que nunca tuviste tiempo. Aprende una nueva disciplina, explora una actividad como la pintura, el baile, el canto, algún instrumento, unas clases de cocina diferente, jardinería; en fin, algo que te ayude a mantener tu mente activa y ocupada, y de paso te apoye a liberar la energía acumulada que normalmente no sale en buenos términos cuando se encuentra atorada.

LA SED ESPIRITUAL AUMENTA

Los expertos dicen que alrededor de la segunda mitad de la vida empezamos a tener más curiosidad por lo divino. Imagino que tiene que ver con una cuestión de más conciencia. A estas alturas hemos experimentado tantas cosas y hemos vivido tantas experiencias, que ya hay una convicción personal de que necesitamos algo más allá de lo tangible.

Este es un buen momento para elegir acercarte a esas personas espiritualmente confiables que has conocido a lo largo de tu vida, esas de las que su vida habla más que sus palabras y han mostrado una fe inquebrantable en medio de la prueba. Aprende de ellos, busca un grupo de crecimiento espiritual con miras a empezar a servir a otros, orar por otros, enseñar a otros, cuidar a otros. Créeme, es una de las cosas que más disfrutarás haber elegido. Ya no hay pretextos, asiste a ese retiro que postergaste por años, lee libros que te inviten a crecer internamente.

ELEGIR CUIDAR TU SALUD SERÁ UNA PRIORIDAD

Ahora es cuando el tiempo para realizar actividad física deberá convertirse en una prioridad, comer más sano, visitar al doctor de manera periódica, y en general, tener un estilo de vida saludable será tu seguro de vida. Camina, toma una clase aeróbica, maneja bicicleta, nada y come más balanceado.

TU VIDA SOCIAL Y TU ENTRETENIMIENTO DEPENDEN DE TI

En la primera mitad de la vida todo nos llama a divertirnos y a pasarla bien, los planes parecen aparecer sin agendarse y tenemos compromisos sociales de toda índole. Ahora, en "la otra mitad de tu vida", normalmente tu diversión será tu elección, y necesitas forzarte a tener un tiempo para hacer cosas que te hagan salir de la rutina.

Organiza una fiesta temática, cocina con amigos, ve al teatro o agenda vacaciones a lugares poco comunes. Haz que tu diversión sea intencional.

Tal vez no lo habías pensado, pero la mayoría de las buenas cosas con los años se vuelven actos totalmente intencionales. Así que te propongo hacer una lista de todos los proyectos que hasta ahora tienes pendientes por hacer en tu vida. Una vez que termines tu lista, pégala en un lugar visible y comienza a trabajar física, mental y espiritualmente para hacerlos realidad.

A la mayoría de nosotros, en términos estadísticos, aún nos queda toda una mitad de vida por delante, y elegir conscientemente cuál será la "dificultad que quieres vivir" vendrá a ser una excelente manera de saber cómo quieres utilizar tu tiempo.

19

HABLEMOS DE METAS

Si le has pedido a Dios que te muestre el camino, no te olvides de tener la determinación para poder caminarlo.

Solo cuando sabemos lo que queremos y lo que no queremos en la vida, las probabilidades de ser esclavos de emociones instantáneas, tendencias y modas habrá disminuido. Entonces, ahora que conoces la temporada que estás viviendo, las "dificultades" que has elegido, la definición de éxito que marcaste para tu vida y ya que conoces tus fortalezas, es tiempo de definir los motivos puntuales que te harán levantarte día a día para vivir esa vida con propósito de la que tanto hemos hablado.

En esta temporada también has tomado conciencia de tus áreas de oportunidad, sabes cuáles son tus síes y tus noes, y tienes una noción básica de cómo funcionas.

Estos motivos que te ayudarán a seguir adelante se llaman *metas*. Y no importa qué tan motivado estés cuando terminas de tomar un curso, o recibes una buena noticia o incluso cuando acabes este libro, la motivación será algo que no durará para siempre, todos necesitamos algo más, y se llama *disciplina*.

LA DISCIPLINA ES EL COMÚN DENOMINADOR DEL ÉXITO

Disciplina: Del latín *discipulus*, "discípulo, estudiante", se refiere a la manera ordenada, constante y sistemática de hacer las cosas. La disciplina trabaja en pro de conseguir más rápida y eficientemente un cometido. En los casos en que un individuo ejerce disciplina sobre sí mismo, estamos hablando de *autodisciplina*.

UNA PERSONA DISCIPLINADA Y CON VOLUNTAD, LLEGA MÁS LEJOS QUE UNA PERSONA INTELIGENTE.

La doctora Karen Horney, reconocida psiquiatra alemana, realizó un estudio basado en la observación de personas que por décadas se ponían metas. Su análisis la llevó a concluir que aquellos quienes se ponían metas obtenían un 95 % de probabilidades de éxito.

Amigo lector, todas las cosas que los grandes personajes a quienes admiramos han logrado, las han alcanzado poniéndose metas.

Si desarrollamos el hábito de retarnos constantemente con metas bien definidas y ejercemos disciplina para perseguirlas, seremos siempre como misiles bien dirigidos. Estaremos del lado de aquellos que saben que las oportunidades llegan para todo el mundo, pero solo quienes están preparados y a la espera de recibirlas harán algo sorprendente cuando pasen por sus manos, los demás las verán irse con la misma rapidez con la que llegaron.

Esto no significa que por desear algo con fuerza necesariamente nos vaya a pasar, pero cuando anhelamos algo con toda nuestra alma, con toda nuestra mente y lo perseguimos con gran determinación, nuestro cerebro hará su parte y nos mostrará los elementos necesarios para que ese sueño se cumpla. Por algo dice la Biblia que tenemos la mente de Cristo.

> *Pues, «¿quién puede conocer los pensamientos del Señor? ¿Quién sabe lo suficiente para enseñarle a él?». Pero nosotros entendemos estas cosas porque tenemos la mente de Cristo.* 1 Corintios 2:16

METAS Y EMOCIONES

Ponte metas con las que tengas alguna conexión emocional; es decir, si tu meta es ser un reconocido arquitecto y por otro lado amas la naturaleza, súmale a tu meta el placer que se siente ser parte de cuidar el medioambiente, y con esto cambiar la calidad de vida de las personas. Puedes proponerte ser un arquitecto ambiental.

Usa toda tu imaginación para visualizarte viviendo el resultado de tu esfuerzo, y piensa constantemente en cómo te verás y que sentirás cuando estés en la meta.

Es importante que tu mente y tus emociones lleguen antes que tú al lugar donde quieres estar.

VAMOS A LA PRÁCTICA

Me encantó una charla que escuché de la reconocida conferencista y motivadora Margarita Pasos, y quiero llevarte a practicar algunas de las cosas que aprendí de ella.

Escribe esas 3 grandes metas hacia las cuales te quieres dirigir en un largo plazo.

Metas

1. ______________________________
2. ______________________________
3. ______________________________

Una vez que sabes hacia dónde vas en el largo plazo, ahora podrás definir a qué actividades les darás peso en tu día a día, y a cuáles les quitarás el foco.

Haz una lista de las cosas que crees que tendrás que hacer en miras de alcanzar tu meta, pero que las harás en tu día a día, a esto le llamaremos *objetivos*. Un curso que quieres tomar, clases de ese idioma que necesitas dominar, una exposición a la que te gustaría asistir, un algo que te gustaría conocer, etc.

Objetivos

1. ______________________________
2. ______________________________
3. ______________________________
4. ______________________________
5. ______________________________

A continuación escribe un día de tu rutina. Esta lista seguramente incluirá las cosas que son parte de tu trabajo, de la casa, obligaciones normales de la vida. Añade esos pequeños esfuerzos u objetivos que te ayudarán a ir construyendo tu meta.

Rutina

1. ______________________________
2. ______________________________
3. ______________________________
4. ______________________________
5. ______________________________
6. ______________________________
7. ______________________________
8. ______________________________
9. ______________________________
10. ______________________________
11. ______________________________
12. ______________________________

- En esta última lista que escribiste, señala con color verde esas cosas que crees que tienen grandes repercusiones para llegar a tu meta final.
- Luego, señala con color amarillo esas cosas que tienen repercusiones a corto plazo, es decir, cosas que son urgentes.

- A continuación señala con color naranja esas cosas por hacer, las que no son primordiales; aquellas que si no te da tiempo hoy podrías hacerlas mañana y no vas a tener repercusiones si te retrasas uno o dos días.
- Por último, usa el color rojo para esas cosas que sabes que no es necesario que hagas, que son solo distracciones o que puedes delegarlas.

Te doy un ejemplo:

Mis metas

1. Ser conferencista internacional de crecimiento personal y espiritual.
2. Tener tiempo de calidad con mi familia.
3. Comprar una casa en provincia.

Objetivos

1. Tomar un curso de sanidad interior.
2. Perfeccionar mi conversación en inglés.
3. Un viaje al año en familia.
4. Hacer al menos dos buenos proyectos de publicidad al mes y ahorrar el 50 % de la ganancia.
5. Dar 4 talleres de amor propio al año.

Rutina

7:00 Llevar a mi hija a la escuela (amarillo)

7:20 Ejercicio (verde)

8:00 Tiempo devocional (oración, lectura) (verde)

9:00 Junta informativa escuela nueva (naranja)

10:30 *Castings* (verde)

12:30 Clase de inglés (naranja)

13:40 Estética (naranja), pagar la luz (amarillo)

15:00 Recoger niños en la escuela (rojo)

16:30 Ballet niñas (verde)

16:30 Estudiar manual de sanidad de heridas (verde)

20:30 Grupo de parejas (naranja)

21:00 Escribir publicaciones sobre "amor propio" en mis redes (verde)

Después de que hayas puesto orden por escrito tu rutina diaria con el objetivo de cumplir tus metas, echa mano de la pasión y la disciplina para llevarla a cabo, sin dejar de lado un toque de flexibilidad que siempre necesitarás.

Cada propósito trasciende para convertirse en algo llamado *legado*, y solo cuando dejamos un legado nuestras vidas en realidad nunca mueren.

VICTORIAS DIARIAS

Como parte de un acto de amor propio celebra por lo menos tres victorias diarias, eso te hará sentir que tus esfuerzos valen la pena.

Una victoria física: caminar, correr, tomar alguna clase aeróbica, ir al gimnasio, ir al doctor, tomar tus vitaminas, etc.

Una victoria espiritual: orar, meditar, rezar, crecer o practicar algo que tenga que ver con tu crecimiento interno.

Una victoria mental: estudiar, leer, aprender algo nuevo, crear, escribir.

> *No es que ya lo haya conseguido todo o que ya sea perfecto. Sin embargo, sigo adelante esperando alcanzar aquello para lo cual Cristo Jesús me alcanzó a mí. Hermanos, no pienso que yo mismo lo haya logrado ya. Más bien, una cosa hago: olvidando lo que queda atrás y esforzándome por alcanzar lo que está delante, sigo avanzando hacia la meta para ganar el premio que Dios ofrece mediante su llamamiento celestial en Cristo Jesús.* Filipenses 3:12-14 (NVI)

DISFRUTA MIENTRAS CONQUISTAS

Crecimos con la idea hollywoodense de que los tiempos de conquista se engrandecen con panoramas de dolor, trabajo duro, esfuerzo, renuncia y sacrificio. Ver historias inspiradoras protagonizadas por héroes reales que dejaron todo por conseguir su sueño han marcado la forma en como percibimos la idea de obtener una vida exitosa hoy: conquistando y luchando mientras nos vamos olvidando de vivir.

Amigo lector, estamos en la recta final de este viaje, y para mí es importante recordarte algunas ideas acerca de la importancia de disfrutar el proceso, detenerte a mirar el camino, vivir el hoy.

La vida se vive mientras se conquista, así que escala las montañas que tengas que escalar. Pero no, no las subas para que el mundo te vea, hazlo para que tú puedas ver el mundo desde ahí arriba, y entonces eso te regale una perspectiva diferente, más humana, más divina.

Recuerda que tal vez al llegar a la meta algunos intentarán llamarlo suerte, pero tú vida será la encargada de honrar tu proceso de pasión, constancia, fe y equilibrio que inspire a otros a caminar un día a la vez, disfrutando la compañía mientras se lucha por llegar.

- Ten en cuenta que para ti serán más importantes los resultados, pero Dios tiene la mira puesta en el proceso, porque los procesos cambian el corazón y *el corazón determina el rumbo de tu vida* (ver Proverbios 4:23).
- Decide disfrutar el proceso y tu día a día, así tu felicidad no dependerá de ningún resultado.

20

ASÓCIATE CON DIOS

Si pudiera escoger solo uno de los consejos que he recibido durante toda mi vida, y que incluso he compartido contigo en este libro, sin duda elegiría la decisión de conocer a Dios y asociarte con Él. Esta sencilla decisión ha sido uno de los pasos más seguros que he dado en medio de la incertidumbre que rodea la vida.

Conocer íntimamente a mi Padre que está en los cielos trajo consigo un manual de instrucciones, la Biblia; un *coach* personal y abogado defensor, el Espíritu Santo; una póliza de seguro, su protección sobrenatural; un amigo fiel, Jesús; un seguro médico, su sanidad y liberación; y por si fuera poco, una deuda saldada que yo nunca hubiera podido pagar, y lo hizo a través del sacrificio de su hijo Jesucristo. Esta es la razón por la que escogí el último capítulo de este libro para revelarte mi secreto mejor guardado.

EL PODER QUE TRAE DECLARAR SU PALABRA SOBRE MI VIDA

En medio de todos los beneficios que puedo contarte que ha traído el asociarme con Dios, sé que declarar su Palabra sobre tu vida será uno de tus aliados favoritos, ya que habrá una palabra que te levante física y espiritualmente en cada situación por la que estés viviendo, y eso, amado lector, es oro molido.

Las siguientes son algunas de las declaraciones de fe que hago de manera constante, están escritas de forma personalizada para que las hagas tuyas, aunque siempre podrás buscar la declaración completa en los versículos que te indico frente a cada una para que ahondes en ella.

Así que...

- úsalas como espadas;
- son verdades que necesitan ser declaradas con fe en cada situación de tu vida;
- decláralas en voz alta;
- comprueba los beneficios espirituales de la Palabra de Dios hablada sobre tu vida.

> *Sin duda, la palabra de Dios es viva, eficaz y más cortante que cualquier espada de dos filos. Penetra hasta lo más profundo del alma y del espíritu, hasta la médula de los huesos, y juzga los pensamientos y las intenciones del corazón. Ninguna cosa creada escapa a la vista de Dios. Todo está al descubierto, expuesto a los ojos de aquel a quien hemos de rendir cuentas.* Hebreos 4:12-13 (NVI)

REFERENCIAS BÍBLICAS

CAPÍTULO 7: SANANDO EL PASADO

- Todo lo puedo en Cristo que me fortalece. Filipenses 4:13
- Soy hija/o de Dios. 1 Juan 3:1
- Soy amada/o por Dios. Colosenses 3:12; Romanos 1:7; 2 Tesalonicenses 1:4
- Soy perdonada/o de todos mis pecados. Efesios 1:7
- Tengo la mente de Cristo. Filipenses 2:5; 1 Corintios 2:16
- Toda mi descendencia será poderosa y bendecida en la tierra. Salmo 112:2
- Mis hijos serán enseñados por el Señor y grande será su bienestar y su paz. Isaías 54:13
- Yo y mi casa somos salvos, serviremos al señor y extenderemos el Reino de Dios. Josué 24:15
- Soy cabeza y no cola. Deuteronomio 28:13

- Todo lo que toquen mis manos prosperará. Deuteronomio 30:9
- Tengo para prestar y nunca pediré prestado. Deuteronomio 28:12
- Soy victoriosa/o. 1 Juan 5:4, Apocalipsis 21:7
- Soy libre, la verdad de Dios me hace libre. Juan 8:31-36
- Cuando soy débil, el poder de Dios se fortalece en mí. 2 Corintios 12:9-10
- Soy más que vencedora. Si Dios está conmigo, ¿quién contra mí? Romanos 8:37
- Soy coheredera/o con Cristo. Romanos 8:17
- Soy aceptada/o en el amado. Efesios 1:6
- Soy libre de condenación. Juan 3:18; Romanos 8:1
- Soy nacida/o de Dios y el maligno no me toca. Juan 5:18
- Soy discípula/o de Cristo y tengo amor hacia otros. Juan 13:34-35
- No seré avergonzada/o Salmos 25:2
- Soy la luz del mundo. Mateo 5:14
- Soy la sal de la tierra. Mateo 5:13
- Soy la justicia de Dios en Cristo Jesús. 2 Corintios 5:21; 1 Pedro 2:24
- Soy escogida/o 1 Tesalonicenses 1:4; Efesios 1:4; 1 Pedro 2:9
- Soy creación de Dios, creada/o en Cristo Jesús para buenas obras. Efesios 2:10

- Soy sana/o por las llagas de Jesús. 1 Pedro 2:24; Isaías 53:6.
- Estoy sentada/o con Cristo en lugares celestiales. Colosenses. 2:12; Efesios 1:3
- Tengo un abogado defensor que me enseñará todas las cosas, el Espíritu Santo. Juan 14:26
- Tengo vida eterna y no seré condenada/o. Juan 5:24; 6:47
- Tengo la paz de Dios que sobrepasa todo entendimiento. Filipenses 4:7
- Mis negocios son prosperados y de mucha bendición para otros. Santiago 4:13
- Dios me conecta con las personas correctas para extender su reino (contactos divinos). Hebreos 13:2
- Jesús es mi Rey. Apocalipsis 19:16
- Yo fui llamada/o y sacada/o de la oscuridad hacia la luz. Colosenses 1:13
- Estoy llena/o y empoderada/o por el Espíritu Santo. Hechos 13:52
- Tengo autoridad para tomar dominio y poseer la tierra que Dios me ha dado para conquistar. Deuteronomio 26:1
- Soy catalizador para hacer un cambio en mi cultura. Romanos 12:2
- Declaro que cumplo el propósito para el cual fui creada/o, nada ni nadie puede impedirlo. Efesios 2:10.

Hagan lo que hagan, trabajen de buena gana,
como para el Señor y no como para nadie en este mundo,
conscientes de que el Señor los recompensará con la herencia.
Ustedes sirven a Cristo el Señor.
Colosenses 3:23 (NVI)

Disfruta de una manera consciente e intencional
cada instante de "la otra mitad de tu vida".